社会工作理论与实务

Theory and Practice of Social Work

李 燕 崔效辉 ◎ 编著

东南大学出版社
SOUTHEAST UNIVERSITY PRESS
·南京·

内容提要

本教材既注重基础理论知识介绍,系统地阐述了社会工作的概念、功能及价值观,社会工作方法,常用的社会工作理论,社会政策与社会工作的关系等,又增加了社会工作实践的案例,涉及社会工作方法的应用、社会工作理论在具体案例中的应用、社会工作政策的实施等。为了增强教材的实用性,每章都是理论与实践的结合,通过社会工作理论的引导,与相应案例的解读,达到社会工作理论与实务的融合,促使学生掌握社会工作理论,提升社会工作服务能力,培养学生中国特色的社会工作价值观。

本教材适合社会工作专业和公共事业管理专业本科/专科的学生使用,也可供社会工作专业研究人员参考。

图书在版编目(CIP)数据

社会工作理论与实务 / 李燕,崔效辉编著. —南京:东南大学出版社,2022.8(2024.8重印)
 ISBN 978-7-5766-0178-7

Ⅰ.①社… Ⅱ.①李… ②崔… Ⅲ.①社会工作-教材 Ⅳ.①C916.2

中国版本图书馆 CIP 数据核字(2022)第 126945 号

责任编辑:陈 佳 责任校对:张万莹 封面设计:顾晓阳 责任印制:周荣虎

社会工作理论与实务

Shehui Gongzuo Lilun yu Shiwu

编 著	李 燕 崔效辉
出版发行	东南大学出版社
社 址	南京市四牌楼 2 号 邮编:210096 电话:025 - 83793330
网 址	http://www.seupress.com
电子邮件	press@seupress.com
经 销	全国各地新华书店
印 刷	广东虎彩云印刷有限公司
开 本	787 mm×1092 mm 1/16
印 张	15.25
字 数	228 千字
版 次	2022 年 8 月第 1 版
印 次	2024 年 8 月第 3 次印刷
书 号	ISBN 978-7-5766-0178-7
定 价	58.00 元

(本社图书若有印装质量问题,请直接与营销部联系。电话:025-83791830)

前言 | Preface

以前我们使用的教材主要是介绍社会工作原理，但随着科学技术的发展，人们生活方式的变化，社会工作服务领域和服务方法都发生了很大变化。另外，人民群众对获得感、幸福感、安全感的要求不断提升，某些结构性社会问题的日益凸显，也为社会工作参与解决民生问题和社会治理提出了需求和某些限制。新时代赋予社会工作者新的责任和使命。在这种情况下，掌握社会工作理论与方法，提升应用现代化技术手段的能力，运用跨领域、多样化的方式服务案主，培养中国特色的社会工作价值观，就成为学生学习的主要内容。而现有的教材或是单一社会工作理论论述，或是某一领域的社会工作如青少年社会工作、社区社会工作等的研究，有关理实交融的社会工作教材不多，已无法满足现阶段社会工作的教学需要。为了解决这一问题，我们编写了本教材。

为了使社会工作理论与实务相衔接，本教材既注重基础理论知识介绍，系统地阐述了社会工作的概念、功能及价值观，社会工作方法，常用的社会工作理论，社会政策与社会工作的关系等，又增加了社会工作实践的案例，涉及社会工作方法的应用、社会工作理论在具体案例中的应用、社会工作政策的实施等。为了增强教材的实用性，每章都是理论与实践的结合，通过社会工作理论的引导，与相应案例的解读，达到社会工作理论与实务的融合，促使学生掌握社会工作理论，提升社会工作服务能力，培养学生中国特色社会工作价值观。

本书的出版得到了江苏开放大学基层社会治理研究协同创新基地的资助支持，在此表示感谢。

由于社会工作研究的不断发展，加之笔者水平有限，书中难免存在遗漏和不妥之处，敬请读者谅解和指正，不胜感激。

目录 Contents

第一章 社会工作概念、发展与功能

第一节 社会工作的概念 ……………………………… (002)
一、社会工作的源起 ……………………………… (002)
二、社会工作的概念 ……………………………… (004)
三、中国的社会工作概念的内涵 ………………… (006)
四、中国传统"助人工作" ……………………… (009)
五、专业社会工作的内涵 ………………………… (012)
六、社会工作内涵的发展 ………………………… (017)

第二节 社会工作的起源及发展 ……………………… (020)
一、起源于西方社会工作的发展 ………………… (020)
二、社会工作在中国的发展 ……………………… (023)
三、当前国内社会工作的发展 …………………… (025)

第三节 社会工作的功能 ……………………………… (035)
一、功能的含义 …………………………………… (035)
二、社会工作的功能 ……………………………… (037)
三、社会工作的功能实现 ………………………… (044)

第四节 社会工作者 …………………………………… (050)
一、社会工作者的概念 …………………………… (050)
二、社会工作者角色 ……………………………… (052)

三、社会工作者与志愿者关系 …………………………… (055)
　　　四、社会工作者与社区工作者的关系 …………………… (058)
　　　五、社会工作者与慈善工作者的关系 …………………… (060)
　　　六、我国社会工作者 ……………………………………… (062)
　第一章附录 …………………………………………………… (069)

第二章　社会工作的价值体系

　第一节　社会工作价值体系 ………………………………… (074)
　　　一、社会工作价值观 ……………………………………… (074)
　　　二、西方社会工作价值体系 ……………………………… (083)
　　　三、社会工作价值的矛盾与争论 ………………………… (086)
　第二节　中国社会工作价值基础及建构 …………………… (090)
　　　一、我国社会工作的价值基础 …………………………… (090)
　　　二、社会工作价值观的本土化 …………………………… (094)

第三章　社会工作专业方法

　第一节　个案工作方法 ……………………………………… (108)
　　　一、个案工作的概念 ……………………………………… (108)
　　　二、个案管理 ……………………………………………… (110)
　　　三、个案工作的程序 ……………………………………… (114)
　　　四、个案工作的实施原则和介入技巧 …………………… (121)
　第二节　小组工作方法 ……………………………………… (125)
　　　一、小组工作概述 ………………………………………… (125)
　　　二、小组工作的理论基础与主要模式 …………………… (126)
　　　三、小组工作的过程 ……………………………………… (135)
　　　四、小组工作的实践与反思 ……………………………… (143)
　第三节　社区工作方法 ……………………………………… (149)
　　　一、社区的概念 …………………………………………… (149)

二、中国城市社区工作的发展历程、含义、功能 …… (150)
　　三、社区工作者 …………………………………… (154)
　　四、社区工作模式 ………………………………… (159)
　　五、城市社区工作内容 …………………………… (162)
　　六、总结 …………………………………………… (167)

第四章　社会工作理论

第一节　社会工作理论概述 ………………………… (170)
　　一、社会工作理论的发展 ………………………… (170)
　　二、社会工作的理论基础 ………………………… (173)
　　三、社会工作理论本土化 ………………………… (181)
第二节　社会工作理论流派 ………………………… (185)
　　一、西方社会工作理论流派 ……………………… (185)
　　二、社会工作实务中的理论流派 ………………… (192)

第五章　社会政策与社会工作

第一节　社会政策与社会工作 ……………………… (202)
　　一、社会政策的内涵 ……………………………… (202)
　　二、社会工作与社会政策 ………………………… (208)
　　三、中国社会政策的主要领域 …………………… (213)
第二节　社会工作政策与法规 ……………………… (218)
　　一、我国有关社会建设的一般性政策与法规 …… (218)
　　二、我国促进和规范社会工作发展的政策与法规
　　　　…………………………………………………… (220)
　　三、社会工作领域内的政策与法规 ……………… (224)

参考文献 ………………………………………………… (235)

第一章

社会工作概念、发展与功能

第一节 社会工作的概念

一、社会工作的源起

社会工作由英文"social work"翻译而来,它既是一种专业的助人活动,也是一门专业学科。社会工作作为一种助人活动,尤其是对弱势群体的帮扶,世界各国自古就有。而作为一种助人专业则源于西方国家,是西方国家向现代化转型过程中的产物,距今仅有100多年的历史[①]。

（一）社会工作产生的思想、时代背景

古希腊、罗马时期的助人思想,基督教的博爱思想等是西方社会工作产生的思想来源之一。基督教认为每个人的心灵都可以直接跟上帝交流,这就破除了原有的宗教等级制度,提供了"在上帝面前人人平等"的思想。此外,起源于欧洲文艺复兴运动的人道主义也强调人的尊严、价值以及平等的权利,而以上这些平等的观念对社会工作的产生显然具有间接却重要的推动作用。

工业革命导致大量社会问题的出现,其中社会弱势群体的生存问题日益突出,需要社会加以解决。可是在很长的历史时期里,人们认为贫穷是个人造成的,个人要对自己负责,与此相对的社会福利是"补残式"的。而这种情况自19世纪后期发生了实质改变,人们开始意识到,在市场经济条件下,部分人群成为弱势群体有着不可抵御的社会根源,任何一个人都有沦为弱势群体的可能。由此,社会福利观念开始从"个人责任观"向"社会责任观"转变,这便是社会工作产生的基本时代背景。

---

① 李迎生.西方社会工作发展历程及其对我国的启示[J].学习与实践,2008(7):120-127.

(二) 西方早期的社会工作实践

英国工业革命开始最早,所以贫穷问题较为突出。伊丽莎白女皇登基后,曾针对贫困问题颁布各种法案,其中以1601年的法案《伊丽莎白济贫法》(Poor Law)最为出名和完备。该法案正式承认政府对济贫负有责任,成为各国现代社会救济事业的开端。

紧接着,德国汉堡市于1788年实行了一种较有特色的救济制度,史称"汉堡制"。其规定在该市设一个中央办事处,综理全市救济业务。而全市按需设立若干区,每个区设监察员一名及赈济员若干名。1852年,德国爱尔伯福市(Elberfeld)对"汉堡制"加以改良实施救济,该制度称为"爱尔伯福制"。而后,索里(Reverend Henry Solly)牧师参考"汉堡制"和"爱尔伯福制"的做法,提出成立一个组织来协调政府与民间组织的慈善活动,于是,1869年第一个"慈善组织会社"应运而生。

与"慈善组织会社"大致同期出现的"社区睦邻运动"也被称为"社区改良运动"。1884年,东伦敦教区牧师巴涅特在其教区建立了一个大学社区睦邻服务中心,取名为"汤恩比馆"(Toynbee Hall),其实际上为社区服务中心。汤恩比馆成立后,睦邻组织运动迅速推广,成为英国社会改良运动的新潮流,也引发了世界上许多国家的社区改造运动,其中美国最为发达。

(三) 专业社会工作发展的几个阶段

19世纪末至20世纪10年代是专业社会工作的起源与初步发展阶段。英国的"慈善组织会社"运用"友好访问员"的形式来展开工作,被视为专业社会工作的萌芽。1915年,在美国慈善与矫治委员会大会上,弗莱克斯纳(Abraham Flexner)发表一篇名为《社会工作是一种专业吗?》的学术报告,给当时的社会工作者指明了方向。1917年,玛丽·埃伦·里士满(Mary E. Richmond)出版《社会诊断》一书,其要旨是使社会工作的方法成为一门独立的知识,该书的出版成为专业社会工作发展史上的里程碑事件。

20世纪20年代至50年代初,社会工作的三大方法相继形成。《社会诊断》一书奠定了个案工作方法的基础,而后弗洛伊德精神分析心理学的发展使得社会工作者开始关注案主个人经验的价值和意义,个案工作也在很长一段时间里扮演着重要的角色。在个案工作方法得到不断发展的同时,另一重要专业方法——群体工作方法在20世纪30年代开始形成。1930年科伊尔(Grace L. Coyle)出版的《在有组织团体中的社会过程》(*Social Prosess in Organized Groups*)奠定了群体工作的基础。后来,群体工作方法开始渐渐被认可,和个案工作同样受到重视。而社区工作方法的形成相对要晚一些,尽管前期社区工作已在不同会议上和社会工作专业课程列举中不断被提及,可直到1950年召开的美国社会工作会议上,社区工作才正式被列为社会工作的专业方法。而社会工作三大专业方法的相继形成昭示着社会工作将开始成为一个比较完善的专业。

20世纪50年代末至今,社会工作专业方法逐渐走向整合。社会工作专业方法各自发展、过于分化,难以适应现代社会的复杂需求及案主问题的多样性,因此20世纪50年代后期,以案主问题为中心来灵活地运用社会工作专业方法、将社会工作专业方法整合的呼声逐渐高涨,使得专业社会工作发展进入一个新的阶段。20世纪60年代末至70年代,赫恩(Gordon Hearn)和比斯诺(Bisno)等学者开始努力发展一套统一、整合的社会工作实施知识以及实施技术。平卡斯(Pincus)、米纳汉(Minahan)和史坡林(Siporin)等人则尝试探索出社会工作的干预阶段和共同的特征,以此来打破三大方法之间相互独立的困境。至此,社会工作方法的整合已经产生了比较重要的影响。

二、社会工作的概念

社会工作的产生和发展深受政治、经济、文化因素的影响,政策的制定和指向、经济的发展程度以及文化大背景的带动无一不对社会工作产生重大影响。因而各个国家地区的社会工作发展进程也有着不小的差异,对社会工作的认知程度也有着诸多不同之处[①]。故笔者在查阅资料的过程中不难发现各个国家和不同学者之间对社会工作的概念都有自身独到的解读,尚未有统一的概念。

美国社会工作协会认为社会工作是一种专业助人活动,用来帮助个人、群体和社区加强和恢复自身的能力,从而发挥其社会功能,并创造出有助于其目标达成的社会条件;而弗里德兰德(Friedlander)在其1980年所著的《社会福利导论》(*Introduction to Social Welfare*)一书中强调,社会工作是一种专业服务,同时也是一种助人过程;我国台湾学者廖荣利在1996年出版的《社会工作概要》中引用了芬克(Fink)对社会工作所下的定义,其认为社会工作是一种现代社会之中独特的专业领域,它运用社会和心理的相应科学原则,来解决社区生活中的特殊问题,此外也减少个人的生活逆境和压力;威特默尔在1942年所撰写的《社会工作——一种社会制度分析》一书中认为:社会工作是有组织的机构或社团援助遭遇到困难的个人,且帮助调整个人的社会关系而实施的各项服务;斯基摩尔则在1994年出版的《社会工作导论》一书中对社会工作下了综合性的定义,即社会工作是一门艺术、一种学科,也是一种专业,社会工作的目的在于帮助解决个人、群体(尤其是家庭)、社区的问题。此外,要运用个案工作、群体工作、社区工作、行政和研究等方法,促使个人、群体、社区之间的关系达到一种满意的状态。而我国学者中李宗派、李增禄、林万亿和徐震等人同样对社会工作采取了综合式的定义。[②]

前期有不少国内外学者对于社会工作概念的认知是基于单一视角的,或认为社会工作是一种助人活动,或认为社会工作仅是一种助人过程,或认为社会工作仅是一种助人方法,或认为社会工作是一种制度。然而哪怕是这些基于不同视角的定义也能体现出社会工作是通过专业

---

① 王思斌.中国社会工作的嵌入性发展[J].社会科学战线,2011(2):206-222.
② 李迎生.社会工作概论[M].2版.北京:中国人民大学出版社,2010:5-6.

手段去达到助人目的的存在。随着社会工作实践的进一步深入和扩大,社会工作理论的进一步深化和发展,学者们对社会工作的定义更加倾向于综合性、全面化。尽管这样的定义和表述显得有些累赘,但是却能够使人们更加清晰、全面地认识和了解社会工作专业。

鉴于此,本书综合了各学者的观点提炼出了一个相对全面、完整的社会工作的概念界定:社会工作是秉承社会工作的专业价值理念,运用社会工作专业知识、技能和方法,帮助有需要的个人、家庭、群体和社区,提升个体和群体的福利水平,促进社会和谐发展的专业。

三、中国的社会工作概念的内涵

(一) 社会工作的历史及演变

我国社会工作的思想和实践自古就有,但是现代或是说专业意义上的社会工作则发轫于1922年。[①] 当时燕京大学成立社会学系,其宗旨和原则就是培养专门的社会服务理论和实务人才。当时中国的社会工作实务主要是以农村社区工作为主,乡村建设运动是比较著名的实务运动。晏阳初、陶行知、李景汉、梁漱溟等不少学者希望能够通过知识分子下乡来开展平民教育,唤起民众的自觉,从而改造乡村社区,进一步推动乡村建设。然而新中国成立以后,专业意义上的社会工作由于多种因素中断了30多年,到20世纪80年代后期,社会工作专业和学科才重新在我国恢复发展。进入新世纪,尤其是在十六届六中全会做出"建设宏大的社会工作人才队伍"的战略部署之后,社会工作发展势头迅猛。而当专业社会工作打破枷锁在中国重建的时候,传统的社会工作实践正在承担着社会服务的职责。市场化的改革从某种意义上来说削弱了其在社会服务和社会保障方面的职能,却也得到了政府支持的社区服务的补

---

① 李迎生,方舒. 中国社会工作模式的转型与发展[J]. 中国人民大学学报,2010,24(3):101-108.

充。因此在中国,除了专业社会工作之外,还有本土社会工作的存在,且占据十分重要的地位。

(二)中国社会工作实践与创新

王思斌认为在中国同时存在着专业社会工作和本土社会工作,可以说专业社会工作是嵌入原有的本土的社会服务领域之中来谋求发展的。① 二者之间既存在着千丝万缕的联系和共性,又有着基于理念、方法、价值观等层面的差异。因此,正确认识和理解专业社会工作和本土社会工作的异同对于认知社会工作在中国的发展现状有很大助益。所谓本土社会工作也称之为行政性非专业社会工作,它是我国学者对在计划经济时期形成并发挥了很大作用的社会服务实践和制度的命名。中国在计划经济时期存在一套由政府部门、人民团体及企事业单位实施的,系统化的,帮助其成员解决现实困难以及问题的制度化做法,而这是一套基于行政层面的且未运用专业社会工作知识的做法。由此,那些生长于本土,与其经济、政治和社会制度以及文化传统相适应的有效的、制度化的助人模式可称为本土性社会工作。②

2007年,作为改革开放排头兵的深圳市颁布了《中共深圳市委、深圳市人民政府关于加强社会工作人才队伍建设推进社会工作发展的意见》,与此同时配套推出了社会工作职业水平评价、社会工作专业岗位设置、社会工作人才教育培训、社会工作人才专业技术职位设置及薪酬待遇、发挥民间组织在社会工作中的作用、财政支持社会工作发展、"社工、义工"联动这7个试行实施方案。深圳市"1+7"文件的推出带头对社会工作的建设进行了全局性规划,为深圳市社会工作制度体系的建设、社会管理体制的创新、社会问题的解决等方面提供了强有力的制度支撑,也为推动社会工作专业化、职业化进程带来积极影响。

---

① 王思斌. 中国社会工作的嵌入性发展[J]. 社会科学战线,2011(2):206-222.
② 王思斌,阮曾媛琪. 和谐社会建设背景下中国社会工作的发展[J]. 中国社会科学,2009(5):128-140,207.

十八届三中全会以后,随着"创新社会治理体制"战略部署的实施,民政部、财政部印发了《关于加快推进社区社会工作服务的意见》(民发〔2013〕178号),要求建立健全社区、社会组织和社会工作专业人才联动的服务机制。按照"政府扶持、社会承接、专业支撑、项目运作"的构想,来探索建立以社区为平台、社会组织为载体、社会工作专业人才为支撑的新型社区服务管理机制。"三社联动"由此作为社区治理的有效机制和新型框架得到了政府尤其是民政部门的高度重视。此外,在"三社联动"中强调社会工作重要性的同时,更要有效整合社会工作的存量人才,壮大人才队伍,扎实凸显出社会工作者在和谐社会治理过程中的重要作用。[①] 本书意图通过"三社联动"这一提法以及具体的案例介绍来观察近些年社会工作在中国的发展,观察专业社会工作是如何嵌入原有的本土的社会服务领域之中的。

案例1-1:三社联动,让社区治理活起来[②]

为解决居民需求日趋多元与社区服务力量薄弱的矛盾等一系列难题,唐桂社区党委决定引入专业社工组织到社区开展专业化服务工作。而新扬社工组织正是唐桂社区尝试引进的第一个专业性社工组织。社区把2400多平方米的闲置空间打造成市民活动中心作为活动场所,还提供社工办公室、设备及经费保障,为开展"三社联动"提供依托。

在过去,这里还是一片闲置的架空层,远没有这么热闹。唐桂社区党委副书记张月艳介绍:架空层原来无电无水无人管理,而且尘土飞扬,不少居民在此乱停车、堆放杂物,居民对此怨声载道。如今,市民活动中心已经建成投用,并安排了社会组织和社工定期举办一系列活动,为社

---

① 徐选国,徐永祥.基层社会治理中的"三社联动":内涵、机制及其实践逻辑:基于深圳市H社区的探索[J].社会科学,2016(7):87-96.
② [他山之玉]重庆市将全面推广"三社联动"社会治理模式[Z].天津社会工作公众号,2020-07-14.

区居民提供养老助老、儿童教育、文化娱乐等服务,市民活动中心已经成为社区居民人人青睐的"大客厅"。从"无"到"有",市民活动中心之变,是社区大力推进协商议事,及时联结和响应群众需求的结果。

2020年2月,在得知社区号召广大居民参与新冠肺炎疫情志愿服务的消息后,新扬社工蔡姣姣及时和居民骨干梁春秀沟通,牵头搭建"党员+群众+社工志愿者"队伍,积极有序地开展宣传排查、送菜上门、小区出入口管理、心理疏导等各类志愿活动,该志愿服务队从最初成立时的不到10人已经发展到现在的近30人。

"我们还通过社区走访及社区活动等方式,挖掘社区积极分子,培育社区本土志愿者,成立社区志愿者组织,并引导社区志愿者开展各类社区志愿服务,在提升志愿者自身能力的同时培育社区志愿精神文化,以此推动本土社区社会工作的发展。"新扬社工负责人张双妹介绍。

据了解,近年来,社区依托多方社区治理联动平台,通过推行需求、资源、项目"三张清单"制度,发动辖区群众,联合各个共建单位,常态化开展了"我向群众汇报工作"警民恳谈会、"我为社区治理献力"志愿服务、"老有所乐"老年日间服务、"幼有所长"社区儿童服务等志愿服务活动,有效将辖区资源、外来资源与社区治理对接起来,以满足居民多样化和个性化需求。

四、中国传统"助人工作"

(一)中国古代的福利思想

中国历代文墨笔迹不乏对帝王将相德政的歌颂,各派思想家也提出了精彩纷呈的社会福利思想。虽维护政权稳定、粉饰太平景象是当政者的现实目的,但借着与传统天命的贯通,德政作为一种社会理想更有超越现实的意义,并始终鞭挞着执政者致力于民众的社会福利。

孔子出于"为政以德"的思想,称管子之政为德政。在其心目中,德政的典范为大同理想,即"大道之行也,天下为公,选贤与能,讲信修睦。故人不能独亲其亲,不独子其子,使老有所终,壮有所用,幼有所长,矜寡孤独废疾者皆有所养。男有分,女有归。货恶其弃于地也,不必藏于己;力恶其不出于身也,不必为己。是故谋闭而不兴,盗窃乱贼而不作。故外户而不闭,是谓大同"。这里的大道即天道,其在人间的流行便是大同理想:一个人际融洽、经济互助的社会,每一个成员的合法权益都受到保障。

孟子对德政作了更为具体的阐述,他认为君王应推广其本身的"不忍人"之心,施行"不忍人之政",即"仁政"。在孟子的仁政思想中,对弱势群体的关顾与救助是一个不容忽视的方面。他认为施仁政应以此为先:"老而无妻曰鳏,老而无夫曰寡,老而无子曰独,幼而无父曰孤。"

墨子的社会福利思想也很丰富,他指出"民有三患:饥者不得食,寒者不得衣,劳者不得息",并希望能够予以切实可行的救济。在这些民本、德政思想的影响下,历代政府都以赈灾济困为己任,并建立起日益完善的社会保障体系。

除各思想家的福利思想奠基之外,宗族是中国传统社会福利实施的直接网络,在社会福利与保障体系中扮演了重要的角色。北宋以来,民间的宗族制度日渐完善,有家训、乡约等条规,又有自成体系的族规、族谱及祭祖仪节等约束族人。这种宗族制度与官方的乡里组织互为表里:一方面,乡里政权通过宗族这一组织来弥补自己统治中的不足,以此约束民众,稳定一方局势;另一方面,宗族也依靠乡里组织的支持来保证及加强其威信。所以,宗族成为乡里政权在经济、思想、政治、组织上控制百姓的延伸手段。政府有关的社会福利措施最终也依靠宗族组织有效地贯彻下去。

(二)中国传统社会的福利制度安排

尽管中国古代的社会福利思想精彩纷呈,但由于传统中国的社会组织以家庭家族为单位,故中国古代的社会福利事业并不发达。救济事业主要以临时性的救灾救荒事业为主,例如遇水旱、饥荒、瘟疫等情况,政府和民间会有一些临时性的救济措施,并未形成制度化的救济事业。

首先,政府每逢荒年会有一些救荒应急的措施。救荒政策具体如下:(1) 给饥民以粮食;(2) 减免交租税;(3) 减免刑罚;(4) 减除徭役;(5) 解除山林之禁;(6) 撤除关卡,使百货得以流通;(7) 减少吉礼;(8) 节约凶礼;(9) 闭藏乐器而不作;(10) 不备礼而婚配者多,则男女相保;(11) 祈求神明保护百姓;(12) 为民除害,安定民心。

其次,中国古代通过仓储实施救济,有常平仓、义仓、社仓三种。常平仓是汉宣帝设立的,意为"常持其平"。政府在价低时买谷物储存,谷贵的时候再以低价售出,以此救济百姓。常平仓的设置断断续续延续到了魏晋南北朝时期。隋文帝时又出现了义仓这一救济形式,它或由政府征粮建立,或由富户捐粮储存而成。在遭遇灾荒时,则开仓济民。义仓一直延续到宋朝,后来因为管理不善而被废除。社仓则起源于宋朝,朱熹制定社仓法鼓励民间自行捐粮,自行管理。遇到荒年或者青黄不接时,就开仓济民。社仓虽是民间设立,但政府对其起监督作用,直到民国社仓还以一定形式出现过。

最后,《管子·入国篇》中提出执政者居上为政,应广施仁政,行"九惠之教"。管子所讲的"九惠之教"实际上指的是九种社会福利举措,其中包括老老、慈幼、恤孤、养疾、合独、问疾、通穷、振困以及接绝。按照今天的话来讲,就是实行老年福利、儿童福利、社会救助、医疗服务、婚姻服务、健康服务、就业服务、义亲奉祀[①]等措施。

而民间通过宗族得以获得一些非政府的救助。宗族最主要的两种内部职能是对宗族成员的"纪理""会聚",后者便是宗族对族人的救济及规则。宗族的救济和一般社会性的慈善不同,后者限于对救济对象进行物质赈济,而前者除物质外还包括诸如"可以为师则延之,以教子弟;有高标雅操则推尊之,以为一家式"[②]。此外,宗族救济不是为了

---

① 指古代政府为激励人民效忠,规定为公务和为国捐躯者,必须对其亲属给予优待、抚恤,鼓励他们奉祀捐躯者;而对无子女者,则由政府拨款给其族亲或故旧,由他们奉祀捐躯者。
② 转引自刘华丽,李正南. 中国古代社会福利思想综述[J]. 南昌高专学报,2003(1):6-8.

"普度众生",而是通过对同宗之间财产上的差距进行调节,从而维护一个特殊血缘团体的稳定。宗族就像一个大家庭一样管理着人们的日常行为,同时也起着强大的经济保障功能,政府层面一般只能到县级,而基层的组织便是宗族,政府的救济活动通过宗族能够很便利地实施下去。在水旱灾害来临时,宗族内部齐心协力,协同抗灾,这是个体力量难以达成的。与此同时,宗族自身为贫困无依者施行救济。此外,族产族田的收入除用于祭祀先祖之外,还用于文化教育和福利事业。再者,宗族内部之间彼此的守望相助以维系亲情则为社会福利体系提供了一张网络。

五、专业社会工作的内涵

"十三五"时期是我国全面建成小康社会的决胜阶段,各项工作取得不少新成就。慈善、志愿服务、社会工作事业也应抓住这个重要发展机遇,以法治为保障、以制度为根本,破解发展难题、促进健康发展,厚植发展优势、扩大规模队伍。五年来,全社会持续壮大完善社会力量和专业力量,慈善社会工作形成了新的发展格局。

(一)社会工作与志愿服务

1. 志愿服务概述

志愿服务指的是在不求回报的情况下,为了改善社会、促进社会进步而自愿付出个人的时间和精力所作出的服务工作,具有志愿性、无偿性、公益性以及组织性这四大特征。

20世纪80年代后期,天津市和平区诞生了中国首个社区志愿者组织以及相关的志愿服务,此后,社区志愿者服务的形式很快在全国范围内推广开来。90年代初期,另外一支志愿者队伍在共青团系统中形成,在此期间也出现了全国范围的青年志愿者组织。到1997年,全国各地建立起多达55 200个社区服务志愿者组织,其中志愿者人数高达5 478 790人。

2017年,国务院公布实施首部志愿服务专门行政法规《志愿服务条例》,使志愿服务事业健康发展有了法治保障。志愿者注册、志愿服务记录与证明出具、志愿者统计等多项基础性制度不断健全完善,《志愿服务基本术语》等标准相继制定。天津、辽宁、山西、上海、浙江、安徽、河南、广西、宁夏、广东10个省份新出台或修订了地方志愿服务条例,志愿服务进入了有法可依、章可循的发展阶段。截至2019年底,全国已有超过1.4万家志愿服务组织向社会亮明身份,为公众参与志愿服务提供方便。此外,单位和社区内部成立的志愿服务队伍超过77.8万个,全国志愿服务站达到11.7万个。

案例1-2:"社工+志愿者"模式助力扶贫搬迁①

贵州是中国脱贫攻坚主战场,2019年底,贵州全面完成188万人易地扶贫搬迁。2020年,在贵州省民政厅的支持下,64个社会工作和志愿服务站落地易地扶贫搬迁安置点新设街道。2020年3月,贵州省民政厅下发《贵州省易地扶贫搬迁安置点新设街道社会工作和志愿服务站项目实施方案》,以政府购买服务的方式,在全省64个易地扶贫搬迁安置点建立社会工作和志愿服务站,由社工机构组织运营,引入专业社工+志愿者。省民政厅全面统筹,从省级福彩公益金中安排1 600万元专项资金补助站点建设。

在黔西南布依族苗族自治州普安县茶源街道,一个多月的需求评估让社工意识到从环境适应和社区融入入手是令搬迁群众真正安家的要点。因此,社工首先协调出一个老年活动中心,老年人可以在这里聊天、唱歌、看电视,在志愿者的带领下参加社工举办的各种活动。这样的措施可以帮助老年人适应环境,面对身份转变。社

---

① 该案例选自中华人民共和国民政部网站《易地扶贫搬迁后续帮扶的民政作为——贵州乡镇社会工作的志愿服务站建设观察》一文。

工上门探访一名独居老人，发现家里停电两三天了，老人以为跟住寨子一样停电是常态，不知道需要找人修理。社工和志愿者便做政策宣讲和生活培训，让居民知道有事找谁求助。

此外，对于搬迁居民来说，有生计、有收入更为重要。在铜仁市碧江区正光街道，深圳市龙岗区龙祥社工服务中心的社工针对青年居民的就业需求，帮助居民规划开展临时"地摊经济"，并从长远着想，组建了居民就业交流互助平台，由社工和志愿者共同来维护。此外，社工还链接深圳人力资源公司来对接用工与求职需求，为待业的居民提供了就业资源，切实解决了一部分就业问题。

如今在茶源街道，下午的广场舞让社区热闹起来了，来老年活动中心聊天唱歌的老年人越来越多。在志愿者组织和带领下的"四点半"课堂里，孩子们的作业有人辅导，还可以参加有趣的课外活动……居民们逐渐意识到有事了找社区，从而热心的志愿者也慢慢多了起来，老志愿者带动新志愿者，形成志愿服务的良性循环。

2. 社会工作与志愿服务的联系与区别

社会工作产生于志愿服务，二者都是在改革开放以后得到恢复和发展的，并且在创新社会管理和构建和谐社会的过程中，社会工作者和志愿者逐渐成为主力军，他们配合党和政府帮助社会人群、开展公共服务。在寻求科学化的慈善服务中，社会工作者（社工）与志愿者（义工）始终保持着平等合作的关系。总结社工和义工的区别如下：

（1）社工是受薪人员，而义工则是无偿地付出自己的时间、精力、金钱等，没有任何报酬。

（2）社工是一门职业，有专业的知识和技术，而义工从事的则是职业之外的活动。

（3）社工要遵循严格的专业伦理和价值，而义工也要遵循社会的伦理和价值，但不如社工严格和专业。

（4）社工需要有从业资格，而义工没有专业资格的限制。

(5) 社工同样也指专业社工人员所从事的服务活动；义工所服务的范围要比社工的服务范围更为广泛，包括一系列为了他人、社会而进行的无偿性的活动。

谭建光认为社会工作和志愿服务从最初的两者分离到近年的联系合作，其共同在社会管理创新以及和谐社会建设中发挥了积极的作用。[①] 包括(1) 日常服务：社工指导和志愿者实践；(2) 专业服务：社工实践和志愿者配合；(3) 大型服务：社工组织和志愿者实施；(4) 应急服务：社工评估和志愿者参与；(5) 倡导服务：社工预测和志愿者传播。随着社会转型发展和社会建设的深化，社工与志愿者的合作必将形成一系列系统机制，发挥积极功能。

(二) 社会工作与慈善工作

1. 慈善工作的概述

我国现代公益慈善组织发端于改革开放中期发展公益的引入和国际扶贫以及国际志愿者运动兴起所带来的影响。2016年9月1日，《中华人民共和国慈善法》正式施行，这是我国慈善领域的首部基础性、综合性法律，是我国慈善制度建设的重要成果，标志着我国进入了依法兴善的新时期。2019年2月，民政部新组建了慈善事业促进和社会工作司，全国所有省级民政部门和大部分地市级民政部门都设立了相应管理机构。截至2020年9月底，全国登记认定慈善组织7 825个，净资产规模超过1 900亿元；备案慈善信托449单，合同金额32.45亿元。互联网慈善发展迅速，2019年通过网络募集资金超过54亿元。慈善总会的工作职责是，提倡人道主义精神，弘扬中华民族扶贫济困的传统美德，动员和组织社会各界力量，募集慈善资金，开展社会救助，扶助弱势群体，促进经济发展和社会的全面进步。

---

① 谭建光.中国社工与志愿者合作的模式[J].广东青年干部学院学报，2011，25(4)：12-18.

案例1-3:"社区善行"慈善进社区[①]

"社区善行"慈善进社区项目是苏州市慈善总会和园区慈善总会依据2017年"中华慈善日"的主题——"感受慈善,参与慈善",为了让更多居民感受慈善、参与慈善,营造一个"公益慈善"的社区氛围而策划实施的公益慈善项目。通过联动"社区公益金""慈善超市""爱心资源"三大元素,打造一个多元参与、受益广泛、多元监管的社区慈善平台,进而探索"社区参与慈善、慈善服务社区"的良性互动的公益慈善模式。项目由惠邻社工承接,于2018年3月在园东社区建成爱心慈善超市,内设"代售区""义卖区""捐赠区""兑换区""销售区"五个区域,为园东社区公益慈善提供广阔的平台。

在社区慈善活动举办过程中,为促进活动合理有序进行,活动前,社工招募了一批志愿者协助活动。活动中志愿者积极协助维持活动秩序,有序引导居民参加各个环节的活动。在慈善义捐区域,因社区提前做好宣传,号召社区小朋友将闲置书籍捐给社区图书室,现场有不少小朋友前来捐书。在慈善知识竞答和互动游戏区域,居民参与热情异常火热。现场,社工和志愿者们向居民发放急救宣传单,积极宣传急救知识,让更多的居民掌握急救技能技巧。而在公益角区域,则链接了义剪、义诊以及半价配钥匙等公益资源,为居民提供便利的公益服务。

"我们希望通过宣传慈善、践行慈善,发动更多的居民了解慈善,参与到慈善活动中去。"参与活动的志愿者荣阿姨如是说。本次慈善宣传活动,不仅加强了社区志愿者参与社区活动的热情,同时也扩大了慈善宣传覆盖面,有助于带动更多的居民积极踊跃地投身慈善事业。

[①] 该案例选自江苏省民政厅官网。

2. 社会工作与慈善工作的异同

虽然从社会工作的发端来说,社会工作和公益慈善有着非常密切的联系,但是在随后的发展中,两者有着不同的发展方向和路径。相比较而言,社会工作与慈善工作的不同体现在以下几个方面:(1) 基本观念不同——尽管二者的价值基础都是利他主义,但是慈善事业更多是从人道和同情的角度去开展工作,而社会工作则强调受助者的权利以及社会工作者的助人义务;(2) 工作方法不同——慈善事业的主要内容为救济和募捐,没有固定、体系化的工作方法,而社会工作则在借鉴其他学科相关理论的基础上,逐步形成了自己的理论体系,从而进一步形成了一系列的助人模式和方法技巧;(3) 工作范围不同——慈善事业的主要工作对象是社会上的少数不幸者、受灾群体、弱势群体等,而社会工作的工作对象则是全体社会成员;(4) 功能不同——慈善事业救助社会上的受灾群体、贫困群体、弱势群体等,具有单一的恢复功能,而社会工作发挥其预防、恢复、发展三合一的功能,不仅注重恢复受助者的社会功能,还从预防问题出现和发展受助对象能力的层面开展工作。

朱健刚认为在当下中国的社会转型中,社会工作需要同公益慈善组织合流,从而形成社会转型的动力。① 在这个过程中,现代社会治理理念可以给我们以启迪去寻找一条社会自发的、渐进的、整合同改革并重的路线。在国家推进乡村振兴战略、加强和创新社会治理的新机遇下,慈善事业、社会工作和志愿服务发展面临新任务、新要求、新责任,也将在全面建设社会主义现代化国家新征程中发挥更大作用。

六、社会工作内涵的发展

党的十九届四中全会通过的《中共中央关于坚持和完善中国特色社会主义制度　推进国家治理体系和治理能力现代化若干重大问题的决

---

① 朱健刚. 论社会工作与公益慈善的合流[J]. 社会科学辑刊,2016(4):55-60.

定》从制度建设的角度,对推进国家治理体系和治理能力现代化作出了系统的安排。在坚持和完善共建共治共享的社会治理制度方面,指出要"完善党委领导、政府负责、民主协商、社会协同、公众参与、法治保障、科技支撑的社会治理体系,建设人人有责、人人尽责、人人享有的社会治理共同体"。"社会治理共同体"是对"共建共治共享的社会治理制度"含义的概括和延伸,社会工作在建设社会治理共同体的实践中,应该而且能够扮演重要角色 发挥积极作用。

案例1-4:社会治理多元化之"浦东样本"[①]

上海浦东新区作为改革开放的开路先锋,不仅其经济发展令世界瞩目,在社会治理领域也积累了丰硕成果。2007年以来,浦东就推进社区、社会组织、社工"三社联动"。"浦东不只是经济的开发开放,更重要的是社会的开发开放。"88岁的知名社会学家、原浦东社工协会会长吴铎说。

1997年,浦东新区引进第一批社会工作专业本科毕业生充实基层岗位。1999年,浦东新区社会工作者协会注册成立。2003年,浦东成立了全国首家民办社会工作专业机构——乐群社工服务社,从此开启了浦东社会工作专业化、职业化之路。浦东社工在20多个实务领域蓬勃发展,截至目前,浦东新区已有社会工作持证人才8000余名,他们活跃在基层一线,及时介入群众遭遇的"急难愁盼"问题、动员社会资源参与社区治理、提升社区多元力量参与能力等。搭建"三位一体"的社区公益阵地,2015年在全市率先实现36个街镇社会组织服务中心全覆盖,2016年推进社区基金会的建设,从资金角度助力社会治理可持续,现已经实现在街道范围的全覆盖,

---

① 张俊,孙光,戴翼飞. 上海浦东新区三十年社会治理创新之路[EB/OL]. (2020-11-17)[2021-12-26]. http://news.swchina.org/hot/2020/1117/37613.shtml.

2018年36个街镇实现社区社会组织联合会全覆盖。

2017年5月,浦东新区全面推进"家门口"服务体系建设,依托村(居)委会打造服务站,就近为居民提供党群、政务、生活、法律、健康、文化、社会管理7大类服务,让居民"生活小事不出门、服务就在身边"。截至目前,浦东新区在全区1 301个村(居)全面建成"家门口"服务站,统一设置党建服务站、社区事项受理服务站、文化服务站、联勤联动站及卫生室"四站一室"。可以说为推进治理主体多元化、服务供给精细化、服务办理便捷化、服务支撑科技化,提高社会治理现代化水平,提供了新时代大城善治的"浦东样本"。

通过上述在社工协同社区治理创新的案例呈现中不难看出,社会工作之于社会治理创新的意义以及其在社会治理共同体建构中的重要性。

首先,社会工作介入社会治理,促进人们的社会参与和交往,宣扬共同体意识和社群精神,有助于共同意识形成,从而对社会治理共同体的构建产生积极影响。

其次,社会工作服务能够促进互相关怀社会的建设。社会工作以人为本的基本价值具有理想主义色彩,而正是这种理想主义能够促进互相关怀的服务,有利于具有价值性的社会治理共同体的形成。

再次,社会工作介入基层社会治理有利于促进社会治理共同体的发展。城乡社区是人们社会生活的基本场所,也是各种社会矛盾的聚积地,还是人们形成社会生活共同体的基本场域。社会工作进入城乡社区,开展社会服务活动,倡导相关社区精神,有利于促进以德治、自治、法治为基础的社会生活共同体的形成。

最后,社会工作可以通过组织社区活动来促进居民参与,从而建构共同体精神。当今城乡社区分化严重,自然形成的共同体面临重大挑战。在这样的情况下,社会工作介入基层社会治理,通过组织城乡居民共同学习、活动以及形成新的参与方式,建构新型的社区文化,有利于价值—工具型社会治理共同体的形成。

第二节 社会工作的起源及发展

一、起源于西方社会工作的发展

(一) 西方社会工作产生的社会历史背景

1. 资产阶级革命和人道主义的发展

现代意义的社会工作首先发源于西方社会,以文艺复兴为先导的资产阶级革命以及法国资产阶级革命都进一步张扬了人道主义。资产阶级思想家强调天赋人权,认为所有人都是平等的,都有追求幸福和自由的权利。资产阶级人道主义作为西方社会的一种意识形态与宗教伦理为后来兴起的现代慈善活动和社会工作奠定了思想基础。

2. 资产阶级工业革命

18世纪60年代,英国首先发起了工业革命。19世纪30年代,西欧主要国家法国、德国也相继完成了工业革命。资产阶级工业革命一方面促进了这些国家的经济发展,另一方面也给这些国家的社会结构带来了巨大冲击。资本主义剧烈地改变着城乡结构、阶级结构,制造着严重的社会对立,贫穷、饥饿、失业、堕落充斥着社会。

(二) 社会工作的产生

1.《伊丽莎白济贫法》

1601年英国《伊丽莎白济贫法》颁布,继而建立了社会救济制度,形成一套救济工作方法,这对现代社会工作的形成产生了重要影响。宗教团体和社会慈善人士开展的针对贫困群体的服务也对社会工作的产生发挥了很大的作用。

2. 专业社会工作的开端

一般把两项活动作为专业社会工作的开端:一个是 1898 年美国慈善学院对给薪的"友善访问员"进行 6 周专业培训;另一个是 1893 年荷兰阿姆斯特丹社会工作学院成立,开设两年制的社会工作教育。

3. 社会工作体系逐渐形成

19 世纪末 20 世纪初,有着系统的服务体系、服务人员经过培训和实践后具有一定的专业方法和技巧,追求更好服务效果的职业和服务领域逐步形成了,这种职业化、专业化的服务被称为社会工作,从事这种服务活动的人被称为社会工作者。

(三)社会工作的发展

1. 社会工作专业方法的发展

1917 年,美国社会工作学者玛丽·埃伦·里士满出版《社会诊断》一书,试图使社会工作方法成为一套独立的知识,此后她又出版了《个案社会工作导论》(What is Social Case Work? An Introductory Description),之后个案社会工作作为一种专业方法被社会工作者普遍接受。自 20 世纪 20 年代开始,小组工作被纳入社会工作训练课程,并于 40 年代成为社会工作的专业方法。社区工作作为一种专业方法也逐步发展起来,社区工作者形成了自己的专业团体,并运用自己的专门知识去解决社区中的问题,到 60 年代,社区工作已被正式承认为社会工作专业的一个基本方法。70 年代,社会行政作为一种间接的社会工作方法也被接受。个案、小组、社区三个基本方法被分别确立之后,社会工作界曾经出现三者分立的局面,然而这不利于复杂问题的解决。80 年代之后,社会工作者和研究人员进一步探索将几种社会工作方法综合运用的可能性,出现了综合社会工作。

2. 社会工作模式的变化

最初,社会工作是为解决贫弱群体的问题而存在的,这时它扮演的主要是救助者的角色,其任务是诊断和救助受助者的问题,对贫弱人士给予物质的或社会关系方面的帮助,以使其走出困境。这是发现问题—救助或治疗—问题缓解的工作模式。这种工作模式认为,遇到问题的受助者是不幸者,社会工作的责任是帮助其解决具体困难。这在处理个人、群体、社区问题时都有明显体现。

随着社会问题的不断涌现和复杂化,也随着人们对自己的权利和导致问题的环境原因认识的深化,社会工作者逐渐走出单纯的救助治疗思路,不但注重帮助贫弱群体解决具体困难,而且要在解决问题中促进其能力的发展,促进不合理环境的改变,这就是发现问题—救助或协助—问题解决和能力发展的工作模式。在这一模式下,社会工作者不是施舍者,而是帮助或协助受助者改变不利处境;社会工作者不但要帮助受助者解决具体问题,还要增强其应对困境的能力。其中包括改变贫弱群体外部生存环境的增权,也包括促进其能力发展的增能。还有,社会工作不但关注现有问题的解决,而且注重从预防的角度开展工作。这些都显示了社会工作更加人性化,更加科学和深刻,标志着社会工作的不断发展[1]。

3. 社会福利制度与社会工作

社会福利作为一种社会制度,在社会中也具有自身的结构与内容并发挥着特定的功能。在社会福利制度中,主要构成要素有资源、组织、人力、服务对象与外在的制度和环境系统。对一个完善的社会福利制度体系而言,社会工作专业是必不可少的。社会福利制度是为满足公民的社会需要、解决社会问题而设置的专门制度,它必须透过社会服务体系来实现上述目的。因此,若缺乏与之相应的社会服务传递体系,即社会服务的规划与传输,就无法实现服务与人的需要相互联结。社会工作专业正好充当了社会服务传递体系的角色,发挥着满足社会需要和解决社会问题的功能,并对促进社会稳定和社会发展有着积极的意义。社会工作是社会福利服务的传递体系[2]。

---

[1] 王思斌.社会工作概论[M].3版.北京:高等教育出版社,2014:5-6.
[2] 王思斌.社会工作概论[M].3版.北京:高等教育出版社,2014:78-79.

二、社会工作在中国的发展

(一) 行政性非专业社会工作萌芽

1949年,中国人民政治协商会议第一届全体会议通过的《中华人民共和国中央人民政府组织法》中规定设立内务部,主管民政工作。就在同年,一场水灾肆虐16个省份,内务部迅速承担起救灾任务,以帮助受灾群众恢复生产、重建家园为使命,扭转了旧社会每遇灾害"赤地千里、饿殍载道"的局面。1950—1953年,全国完成了取缔娼妓工作,民政部门承担收容改造妓女的任务,通过身心治疗、教学技能,帮她们走上新的生活道路。1953年,全国400万吸食鸦片烟毒者陆续戒绝,民政部门在协同人民团体调动全民参与禁毒、戒毒帮教和协助贫苦自戒者戒毒方面做了大量工作。

以上新中国成立初期的民政工作掠影,记录了中国特色社会工作早期发展的轨迹。民政工作的方法在实践中得到丰富和发展,行政性非专业社会工作在当时社会建设中发挥了重要作用,为避免西方国家工业化早期付出的巨大社会代价贡献了自身力量[①]。

(二) 社会工作政策建设与实务发展

1. 2000年之前

1987年民政部在北京马甸召开社会工作教育发展论证会,确认了社会工作专业学科地位,标志着新中国社会工作专业教育的开端,成为新中国社会工作发展的第一个里程碑。1991年,中国社会工作者协会成立,并加入国际社会工作者联合会。随后,中国社会工作教育协会也在1994年成立,同年中国社会工作者协会出台首部社会工作专业守

---

① 李芳. 奋进在专业化职业化发展征途上:新中国成立70周年社会工作发展成就巡礼[EB/OL]. (2019-09-24)[2021-10-11]. https://www.mca.gov.cn/article/xw/mtbd/201909/20190900019867.

则——《中国社会工作者职业道德》。1997年，上海市浦东新区首次招收录用社会工作专业毕业的学生，并在教育、卫生、民政系统进行了社会工作职业化的试点工作。

2. 2000—2007年

2000年，中国社会工作者协会更名为中国社会工作协会；国务院办公厅发布《关于加快实现社会福利社会化的意见》，各类福利机构开始聘用专业社会工作者，引入社会工作专业制度。2003年民政部下发《关于加强社会工作队伍建设的通知》（民办函〔2003〕2号），积极倡导有条件的省市大胆开展社会工作职业化制度建设试点工作。上海乐群社工服务社在浦东成立，是中国内地成立的第一家非政府性质的专业社会工作服务机构。2004年劳动和社会保障部办公厅印发《关于印发第九批国家职业标准的通知》，出台《社会工作者国家职业标准》。上海市新航社区服务总站正式成立，是全国最早从事社区矫正、安置帮教社会工作的社会组织。2006年，《中共中央关于构建社会主义和谐社会若干重大问题的决定》提出要"建设宏大的社会工作人才队伍"。人事部、民政部联合颁发《社会工作者职业水平评价暂行规定》和《助理社会工作师、社会工作师职业水平考试实施办法》，我国社会工作者职业水平评价制度正式建立。

3. 2007—2016年

2007年4月起，深圳市大力推进社会工作发展和社会工作人才队伍建设，出台了《中共深圳市委深圳市人民政府关于加强社会工作人才队伍建设推进社会工作发展的意见》（简称"1+7"文件），通过加强组织领导，广泛宣传发动，加大资金投入，开发社工岗位和项目，培育民间社工机构，加强指导监管，在全市各区和社会工作的各个领域全面开展社会工作试点。2009年，民政部启动社会工作者职业水平证书登记工作，中国社会工作协会启动"全国社会工作行业组织会议"，发布中国第一部社会工作蓝皮书《中国社会工作发展报告（1998—2008）》。2010年2

月,中国社会工作协会启动首届"中国社工年会",此后,中国社工年会每年举行一届,成为中国社会工作领域的年度盛会。2014年2月,国务院出台《社会救助暂行办法》,使社会工作介入社会救助领域、服务社会救助对象获得了法律空间,对社会工作发展具有里程碑意义。2015年《中华人民共和国反家庭暴力法》出台,对社会工作服务机构开展心理健康咨询、家庭关系咨询、家庭暴力预防知识教育做出了明确规定,强调各级人民政府应当支持社会工作服务机构开展反家庭暴力服务。

4. 2016年至今

2017年6月27日,民政部、财政部、国务院扶贫办联合发布了《关于支持社会工作专业力量参与脱贫攻坚的指导意见》,首个社会工作参与脱贫攻坚意见出台。2018年9月,中共中央、国务院印发《乡村振兴战略规划(2018—2022年)》,首次将社会工作纳入乡村振兴战略[①]。2019年2月,民政部新组建了慈善事业促进和社会工作司,这是社会工作首次出现在正式司局的名称中。3月19日,民政部正式发布"中国社会工作"标志。12月,《中华人民共和国社区矫正法》被表决通过,社会工作的作用受到了法律的肯定,将在社区矫正领域发挥更加积极的作用。2020年12月26日,十三届全国人大常委会二十四次会议表决通过了新修订的《中华人民共和国预防未成年人犯罪法》(简称《预防未成年人犯罪法》)。新修订的《预防未成年人犯罪法》重视发挥社会工作的专业优势,5处提到了社会工作[②]。

三、当前国内社会工作的发展

(一)我国社会工作迅速发展

虽然目前我国社会工作发展并不均衡,很多县级城市、农村地区社

---

① 纪念改革开放40周年,回望中国社会工作行业发展[EB/OL].(2018-12-21)[2021-08-30]. https://www.80cialworkweekly.cn/thingking/2564.html.
② 2019年度促进中国社会工作发展十件大事[EB/OL].(2020-05-11)[2020-10-31]. https://www.socialweekly.con/thingking/15292.html.

会工作发展缓慢，但是在我国政策支持下、社会工作先驱者引领下、社会工作行业人员共同努力下，我国的社会工作行业协会数量逐年增长，社会工作教育日益受到重视，社会工作从业人员数量大幅增长。

1. 社会工作行业协会

截至2015年底，全国共成立455家社会工作行业协会，比2014年增长57.4%，其中有30个省级行业协会、129个地市级行业协会、296个县级行业协会，它们在社会工作事业健康有序、深入持续发展中发挥了积极作用。民办社会工作服务机构有4 686家，比2014年增长33%。其中北京、内蒙古、上海、江苏、福建、山东、湖南、重庆、云南、陕西等地民办社会工作服务机构数量突破100家，广东民办社会工作服务机构数量突破1000家，浙江、四川民办社会工作服务机构数量突破500家。同时，中国社会工作联合会积极与有关地区和单位开展合作，先后培育和支持了18家社会工作实务创新基地，并尝试通过区域试点的方式探索社会服务的立足点和社会创新的突破点。

北京、天津、辽宁、黑龙江、上海、浙江、安徽、广东、重庆、宁夏、新疆、大连、青岛、深圳等14个省（区、市）和计划单列市民政部门分设了社会工作处（办公室），上海、新疆、贵州、内蒙古等省（区、市）设立了社会工作事业单位。北京、重庆、黑龙江、宁夏、辽宁等省（自治区、直辖市）民政厅（局）单独设置了社会工作处，全国11个省（自治区、直辖市）设有单独的社会工作职能部门。

各地在事业单位、城乡社区开发设置社会工作专业岗位181 273个，比2014年增长59.1%。其中，北京、辽宁、上海、江苏、山东、广东等地专业社工岗位数量超过1万个[1]。

2. 社会工作教育成果

以上海为例，上海社会工作起步早、发展快，在多领域推动社会工作

---

[1] 行业要闻［EB/OL］.（2016-04-08）［2021-01-23］. http://news.swchina.org/industrynews/2016/0406/25583.shtml.

发展,取得了可喜成就。目前,上海已有15所院校招收、培养社会工作专业学生,每年毕业生近千人。复旦大学、华东理工大学、华东师范大学、上海大学、上海师范大学、华东政法大学6所高校还开设了社会工作专业硕士教育(MSW)。据了解,上海市民政局每年会同上海市委统战部、市卫生局、市残联等部门,对在岗人员开展分期、分批、分层的岗位轮训,每年培训社会工作人员上万人次。截至2016年,上海持证社工达到1.4万人,其中通过全国社会工作者职业水平评价的有9 408人。

3. 社会工作专业人才队伍不断扩大

截至2020年底,我国社会工作专业人才总量已达150万人,持证社会工作人员突破66万人。支持发展超过1.4万个志愿服务组织,引导志愿服务力量积极参与脱贫攻坚、新冠肺炎疫情防控[①]。

(二) 社会工作服务聚焦社会治理创新

1. 社会治理

党的十八届三中全会对社会治理的基本内涵进行了明晰,社会治理体制创新的目标是构建政府、市场、社会与公众合作参与的多元社会治理主体格局,社会治理的四个关键节点是坚持系统治理、源头治理、综合治理与依法治理。因而,社会治理需要政府由管控型政府向服务型政府转型,将部分权力、资源与空间回归社会,积极培育社会组织与社会公众的社会治理参与意识和参与能力,并与这些新兴社会力量构建平等合作关系,共同参与民生建设与社会治理[②]。

社会工作作为一种重要的社会力量,在逻辑基础、价值理念、目标需求、工作范式等方面与市域社会治理现代化有着较强的契合性。市域社会治理现代化则可从身份认同、职能让渡、动力保障等方面为社

---

① 行业要闻[EB/OL].(2016 - 04 - 05)[2021 - 10 - 28]. http://news.swchina.org/industrynews/2016/0405/25544.shtml.

② 冯元. 新时期社会工作参与社会治理:理论依据、动力来源与路径选择[J]. 社会建设,2017,4(6):30.

会工作的参与腾出空间。通过加强核心价值观的引领、强化制度机制的建设与完善、促进能力建设等方面的路径思考,进一步推进社会工作的有效参与,促进共建共治共享的市域社会治理格局形成与发展①。

案例1-5:发挥"联"字优势,协同助力社会治理共同体建设

近年来,江苏省在加强与创新社会管理、推进和谐社会建设方面已经采取了一系列的举措,在推动社区建设、培育和支持社会组织发展、转移政府职能、推进政府购买公益服务等方面都迈出了坚实的步伐。尤其是作为省会城市的南京,在培育、支持社会组织发展,购买公益服务方面也取得了一定的进步。作为一个直接服务于广大妇女、儿童的枢纽型社会组织,妇联也开始引入社会工作的理念与方法。在建设和谐社会的新形势下,妇联作为一个广泛联系广大妇女的枢纽型社会组织,积极参与加强与创新社会管理。

南京市玄武区同仁社工事务所受江苏省妇联、南京市妇联及鼓楼区、玄武区、建邺区、雨花台区妇联的委托,从2014年4月到2015年5月以项目化方式为4个区内六个街道的贫困单亲母亲及其子女提供有针对性的专业服务。为南京市玄武区、鼓楼区、建邺区、雨花台区等六个街道辖区内的贫困单亲母亲及其子女提供创业、就业支持服务,参与式社会工作理念与方法培训,特殊个案辅导,单身母亲社会小组活动、社区活动、亲子交流活动及项目人群之间的交流活动等服务。通过这些服务,贫困单亲妈妈就业、增加收入的目标基本实现,被辅导的个案情况有了明显改善,帮助服务对象搭建了群体支持和互动平台,进而扩大社会支持网

---

① 戴香智,侯国凤,严华勇.社会工作助力市域社会治理现代化研究[J].社会工作,2020(3):54-60.

络,促进社会融合。项目团队基于项目服务经验,还编写了《单亲家庭社会工作服务手册》,明确单亲家庭社会工作服务的理念、目标、方法、技巧、步骤与评价指标等,促进妇联、专业社工机构等为该群体提供更优质的服务[①]。

2. 三社联动

财政部、民政部在2013年联合发布《民政部、财政部关于加快推进社区社会工作服务的意见》。文件中提出"建立健全社区、社会组织和社会工作专业人才联动服务机制",探索建立"以社区为平台、社会组织为载体、社会工作专业人才为支撑的新型社区服务管理机制"。"三社联动"是一种将社区、社会组织和社会工作专业人才三者相互联动起来共同发挥多方作用的服务机制。它是社区创新治理、构建现代社会服务体系的手段之一。

民政部部长李立国认为,加快发展专业社会工作,深入推进"三社联动",是深化社会体制改革、构建现代社会服务体系的新手段,不仅对发展社区社会工作具有重要作用,而且能够促进社区和社会组织建设,是创新社会治理、完善社会服务、延伸民政臂力、做好群众工作的有力抓手[②]。

案例1-6:山西阳泉城区建立"三社联动"、 社区协商制度 议事不出社区 服务上门入户

山西阳泉城区作为山西省内唯一入选的"全国社区治理和服务创新实验区",3年多来,以社区、社会组织、专业社工破题,以"培育多方主体,推进'三社联动'"为抓手,推动社会治理重心向基层下

---

① 该案例来源于南京市同仁社工事务所"苏馨港湾"项目之南京市贫困单亲家庭综合支持项目。
② 民政部:深入推进"三社联动" 创新基层社会治理[EB/OL].(2015-10-22)[2020-12-15]. http://www.xinhuanet.com/politics/2015-10/22/c_1116911231.htm.

移,实现政府治理和社会调节、居民自治良性互动,走出了一条社区治理的新路子。

目前,阳泉城区的全部社区,均已设置了"五中心、三室、两站"——社区公共服务中心、党员服务中心、居民议事中心、文化活动中心、老年服务中心……活动场所的强化配备,为社工、社会组织发挥作用提供了坚实的保障,而206名专业持证社工的加入,则如同给社区工作打了强心剂。

在金三角社区活动室,"金晚霞模特队"的队长赵丽萍正领着大伙,跟着音乐节拍练习"旗袍秀"舞步。活动室的墙上,挂满了该社区的社会组织标识,"金牌管家家庭服务协会""聪明树""金晚霞爱心文化协会"等近30个社会组织,已在这里生根发芽。已经有307个社会组织登记备案,涵盖"青少年成长""孤独症训练""老年人照料"等各类领域。以养老服务事业为例,阳泉城区先后投资380万元,建设了阳泉市城区老年护理中心、22个社区老年人日间照料中心、7个社区养老服务站。专业社工、专业的社会组织通过养老服务项目入驻社区,获得了居民的一致认可[①]。

(三) 社会工作助力国家脱贫攻坚工作

我国已进入脱贫攻坚的关键时期,"造血式"扶贫以及对贫困者能力的提升在这个时期的扶贫工作中显得尤为重要。动员社会力量特别是社会工作专业人才力量参与脱贫攻坚,是满足贫困地区特殊需求、提升贫困群体脱贫能力的重要举措。2017年6月,民政部、财政部、国务院扶贫办联合印发了《关于支持社会工作专业力量参与脱贫攻坚的指导意见》(简称《意见》),社会工作参与脱贫攻坚有了更为系统明确的规定。《意见》要求,社会工作专业力量根据贫困人口的不同需求分类提供专业

---

① 山西阳泉城区建立"三社联动"、社区协商制度[EB/OL]. (2019-02-19)[2021-03-28]. www.gov.cn/xinwen/2019-02-19/content_5366643.htm.

服务。帮扶对象主要包括：有劳动能力的贫困群众、易地搬迁的贫困群众、贫困地区留守儿童、特殊困难人群等四类。

案例1-7："童心共筑，安心小屋"云南兰坪试点结项报告

在中央财政支持社会组织示范项目（2020）——"童心共筑，安心小屋"项目处的支持和指导下，"童心共筑，安心小屋"项目在怒江兰坪启动。云南连心社区照顾服务中心积极对接云南省民政厅、怒江州及兰坪县民政局，易地搬迁社区临时党工委资源，在怒江州易地扶贫搬迁社区建立社工站，共配备专职社工6人，骨干8人，目前服务覆盖易地搬迁群众10 000余人，其中直接服务儿童400余人，助力怒江州脱贫攻坚。项目在中国社会工作联合会"童心共筑，安心小屋"项目组的指导下，瞄准易地搬迁社区困境儿童社区照顾服务，通过培养具有社会工作服务理念和服务方法的在地尤其是少数民族工作团队、培育社区自组织的方式，开展社区留守儿童的照顾，重建社区照顾和社区化互助体系，并形成可推广可复制的经验模式。

兰坪试点社工进行了12个个案，为个案儿童提供困境儿童家庭陪伴、心理疏导、哀伤教育等多方面的服务；开展了10次小组工作，通过青春期健康卫生习惯养成、自然教育、摄影小组及乐器兴趣小组多方面开展易地搬迁社区儿童小组服务；开展8次社区活动并在活动开展期间发掘社区骨干参与社区公共事务，目前已经有15名社区工作者可以开展社会工作相关服务。项目工作团队秉持社会工作"助人自助"服务理念，充分运用社会工作专业方法，与基层形成"三社联动""两工互动"局面，共同助力脱贫攻坚工作。不仅服务了易地搬迁社区群众，为兰坪脱贫攻坚工作贡献了专业力量，还宣传了社会工作理念，促进深度贫困地区社会工作发展。并且研发

社会工作助力易地搬迁社区服务与治理的有效经验,为下一步形成示范推广作用奠定了基础[①]。

(四)社会工作在抗击新冠疫情中发挥巨大作用

2020年是不平凡的一年,是全面建设小康社会宏伟目标的实现之年,也是中国脱贫攻坚战的收官之年。面对突如其来的新冠肺炎疫情,全国人民万众一心,共同抗击疫情,向世界彰显了中国力量。新冠疫情突如其来,党和国家坚决果断关闭离汉离鄂通道,后实行全国管控,协调医疗资源,政府工作人员坚守岗位,全国打响疫情防控阻击战;在政府主导的抗疫过程中,社会组织迅速行动、积极响应,从抗疫一线到社区防控,从募集物资到招募志愿者,从保障民生到推动复工复产,在防控各阶段和各领域都发挥了至关重要的作用,显示了社会组织的独特优势;基金会通过自身运作和资助方式为社会提供财力支持[②];1000家优秀社会工作服务机构等社会组织和心理服务机构,搭建了一个"社工+心理"联合服务平台,为受疫情影响的社区、家庭和一线医务工作者、社区工作者等重点群体,提供心理疏导、情绪支持、危机干预、个案辅导、居家保障等服务。

案例1-8:北京丰台铁营医院医务社工稳固心理防线守望战"疫"关键时刻

面对突如其来的新型冠状病毒感染肺炎疫情,北京市丰台区铁营医院全体职工迅速响应、迎难而上,用责任和担当倾力保障人民群众的健康,在紧张的战"疫"中,职工的情绪也容易受到各种因素的影响,铁营医院工会和社工部积极关注职工的身心健康,主动搜

---

① 央财项目:"童心共筑,安心小屋"云南兰坪试点结项报告[EB/OL]. (2021-01-25)[2021-03-28]. http://www.x28285.com/home/article/5517.

② 徐家良.疫情防控中社会组织的优势与作用:以北京市社会组织为例[J].人民论坛,2020(23):4.

集整合心理健康服务资源,主动服务职工,打好心理健康防疫战。医院工会和社工部通力协作,将媒体平台正式公布的北京市范围的心理支持热线进行了整理并逐一测试连线接通;在此基础上,制作了心理支持热线列表,以满足职工在特殊时期的心理支持需求。

铁营医院党委书记、工会主席王振涛带领工会干事和医院医务社工将塑封好的心理支持热线列表一一送往一线职工手中,并为大家仔细介绍热线使用细则,询问各科室职工的压力情绪状态。医务人员在坚守岗位的同时能够有效地借助心理热线进行专业答疑,增强了大家打赢战"疫"的信心。医院工会和社工部还发挥了"铁医"人文视线微信公众号的作用,公众号将持续推送心理健康知识和经典音乐赏析,鼓励医院职工积极自助、合理管理情绪、科学应对压力[①]。

(五)社会工作的社会影响力不断提升

随着我国社会工作专业的迅速发展,行业开始注重整体服务质量以及重视社会工作在公众前的正面形象,通过全国各地区的相互学习帮助和共同努力来提升社会工作行业的知名度。开办"中国社工年会""全国社工知识网络竞答赛""全国社工微电影大赛视频展播""中国十大社工人物""年度中国优秀社工人物""全国百优社会工作专业服务案例"等内容。这些内容的设置,不仅使社会工作从业人员能够相互学习,力求进步,努力为社会工作发展贡献自己的力量,也可以扩大社会工作的影响力,让公众进一步看到并了解社会工作,促进社会工作的发展。

在中国社会工作联合会的指导、支持、带领下,"寻找中国最美社工"活动推出的十大、百名社工人物以榜样的力量推动社工人才专业化发展;第三届"'一带一路'社会工作与慈善公益"论坛为"一带一路"沿线国家的社会工作提供了交流平台;"美好社区计划"通过"社会治理—社区

---

① 该案例摘自社工中国网(http://www.swchina.org/)。

营造—社区服务—社区公益"四个维度,助力城乡美好社区建设和人民美好生活实现;"讲好社工故事"项目通过"社工故事"向公众传播社会工作基本理念……社会工作作为一个行业迎来了蓬勃发展的机遇期,认知度和认可度不断提高。

(六)广建服务站点,创新服务模式

为了全面加强乡镇工作服务能力建设,打造职业化、本土化、专业化的社会工作人才队伍,促使社会工作专业服务立足乡镇、深入村居、为困难群体和特殊群体提供更多服务,我国各个地区开始进行社会工作服务站点的建设,力促服务可以满足更多居民的需求。2021年4月20日,民政部办公厅印发《关于加快乡镇(街道)社工站建设的通知》,统筹加快推进乡镇街道社工站建设进度。

该通知指出,要加紧制定政策,将乡镇(街道)社工站建设纳入民政重点工作。要加强资金保障,统筹社会救助、养老服务、儿童福利、社区建设、社会事务等领域政府购买服务资金及彩票公益金中用于老年人、残疾人、儿童和社会公益等支出资金,优先用于购买乡镇(街道)社会工作服务。要把握推进步骤,抓紧制定时间表和路线图,建设条件好的地方,争取2021年年中前启动建设,2023年年底前完成建设任务;建设条件不完备的地方,争取2021年启动试点建设,2025年年底前完成建设任务。

对于服务站点,王思斌认为现在的镇(街)社工站更多地面对民政工作领域的困难群体、贫弱群体,社会工作的服务对象更加精准,对社会工作者(机构)的专业要求更高。另外,现在进入农村地区,镇(街)社工站是组织载体,进一步走向社会工作的基本对象,是社会工作的重要进步[1]。

---

[1] 颜小钗,王思斌,关信平.镇(街)社工站怎么定位?怎么建?[J].中国社会工作,2020(25):10-11.

社会工作作为一个"舶来品",其价值理念、伦理观念大多与中国本土状况不相符合,因此造成我国社会工作发展缓慢的状况。随着社会的发展和进步,社会工作的发展前景更加广阔,国家也在大力促进社会工作的发展。本节除了描述社会工作的起源、发展外,还重点介绍了国内社会工作的状况,从前面的几个案例中可以看出,我国的社会工作正在探寻最合适的发展模式。创造本土化的社会工作仍是目前我国社会工作的发展重点。

第三节　社会工作的功能

社会工作是专业的社会工作者秉持专业的伦理价值观念运用专业技术方法来解决个人和社会问题而存在的,所以社会工作者的任务就是要挖掘个人和社会的潜能,改善个人与社会的福利,促进个人和社会的进步。由此看来社会工作不仅仅肩负着解决问题的任务,更是要做个人与社会进步发展的助推剂。

对于社会工作的功能,不同的学者有不同的归纳方法,但是大部分都围绕着问题、资源与发展进行论述,本节将社会工作的功能分为两个板块进行阐述,第一个层面包括对服务对象的功能,第二个层面包括对社会的功能。

一、功能的含义

"功能"的本意是指事情所产生的好的结果。功能主义理论将社会看作是一个有机体,认为社会是由相互依存的各部分构成的整体系统,各部分都在系统中承担一定功能,社会具有生存发展所必须的一些先决条件,即功能先决条件。社会各组成部分成员的功能就是满足这些基本生存条件[①]。功能分析的主要任务就是解决系统的功能需要问题。而社会工作的功能可以在宏观、微观等多个领域发挥作用如社会福利、社会政策、社会建设等。

功能的发挥需要有作用对象，即功能对象。功能对象可以分为以下三种：(1) 主体对客体的作用：主体对客体做了什么，即是谁在行动和发挥作用；(2) 客体对主体的反馈：主体的行动对客体产生了哪些影响，即对谁发挥了积极或消极作用；(3) 社会工作的功能对象为有需要的社会人士和社区，社会工作要帮助他们走出困境，实现其与社会环境的相互适应。

然而，由于人是处于社会中的人，"人在情境中"告诉我们人与环境是处于系统的不断变化之中的，充分发挥社会工作的功能必定是一个个人与社区、与社会共同发挥作用的过程。部分对整体发挥的作用是一个复杂的过程。这一过程的复杂性来自系统之间相互联系和相互作用的复杂性。正是由于这些复杂的因素，部分对于整体的功能也变得复杂起来。在社会系统中，部分对于整体发挥的功能有如下几种基本类型：(1) 终极功能和中间功能。部分对于整体的功能是通过一个复杂的过程实现的。在这个过程中，行动者存在一个最终的目标，但这种终极目标也是由一系列中间目标累积起来实现的。那么，这一行动产生的最终影响即为终极功能，而中间状态是中间功能。(2) 正功能与反功能。结构功能主义创始人认为，功能只存在积极的正功能，即部分有助于系统适应其环境，促进整体的整合和运行。而社会学家默顿批判了这种观点，他认为系统的每一个部分不仅具有正功能（简称功能），还具有反功能（又称负功能），它削弱系统的适应性，促使系统解体或变迁。(3) 显功能和潜功能。默顿认为，某一行动的功能既有显现出来的面，也有隐藏起来的面。如果它们为社会成员所认识，则称为"显功能"；如果它们未被认识，则被称为"潜功能"。

[①] 王思斌.社会工作导论[M].2 版.北京：北京大学出版社，2011.

二、社会工作的功能

（一）对服务对象的功能

1. 帮助服务对象正常生活

任何人在日常生活中不可能总是一帆风顺的，总会由于个人或者社会层面的原因而面临困境，从而无法恢复像以前一样的正常生活。社会工作最基本的功能就是给予生活中面临困境的人帮助，社会工作者不仅仅给予服务对象物质层面的帮助，在心理和社会层面也是有涉及的，这样有利于更深层次地去解决服务对象的问题。社会工作的目的和用意就是希望自己提供的服务对服务对象来说利益最大化，使他们能够走出困境，能够独立地面对生活。

案例 1-9：破镜可重圆——一例婚姻危机调解社会工作服务案例[①]

本案中的服务对象为一对夫妻。5年前，妻子赵某开始了一段婚外情。丈夫马某得知情况，与妻子沟通后，用宽容的心态接纳了妻子。但是，前段时间，赵某再次出轨，这让马某难以接受，精神受到极大刺激。两人到法院要求离婚，后经窗口引荐到温州市瓯海区修凤社会工作中心，由社工介入。

社会工作者首先进行了婚姻危机评估——濒危婚姻评估是社工在接待室直接进行的简短评估。评估工作完成后，社会工作者开始进行调解。首先是在情绪方面做出努力；另外，与他们闲谈平时调解婚姻案件中的一些趣事，营造相对轻松的氛围，让他们感受到不仅仅是自己的婚姻不幸，其实很多人也面临同样的问题，自己不是那么特殊，所面临的问题还是可以解决的。通过这一系列行动，

---

① 李修凤,舒权挺.破镜可重圆：一例婚姻危机调解社会工作服务案例[J].中国社会工作,2020(21):24-25.

马某夫妇比刚进接待室时明显放松了很多,愿意向社工讲述自己的婚姻问题以及内心的想法。社工评估本次婚姻危机调解服务已经完成。最后,马某与赵某恢复了以前的正常家庭生活。

2. 恢复弱化的功能

社会工作的恢复弱化功能主要是针对一些边缘群体,像残疾人、失能老人等。他们的器官功能都受到了不同程度的损害,从而无法支撑他们像正常人一样生活,这会给他们直接或者间接地带来生理和心理上的问题。就像某些残疾人因为自身生理层面的缺陷,而社会和环境又没能够为他们提供良好的经济社会参与条件,从而导致他们逐渐被边缘化,不喜社交,自我封闭,变得越来越孤独与自卑。失能老人也会面临同样的问题,随着自身年龄的增长,自己的生理机能逐渐退化,而社会总是会不自觉地给失能老人贴上"无能无用"的标签,使得这些老人无法开心乐观地面对自己的晚年生活,并且总是不想给自己的子女添麻烦,所以他们总是与孤独寂寞相伴。社会工作介入边缘群体,一方面可以通过提供专业服务或者开展活动来恢复他们的自信,鼓励他们进行社会参与;另一方面,也可以通过改善社会环境为他们更广泛地参与社会生活提供支持。这会在一定程度上恢复他们被弱化的功能,能够促进他们的社会融入。

案例 1-10:社会工作介入农村残疾人康复服务[①]

成都市郫都区 A 社区现登记在册的残疾人共有 128 人。该社区农村残疾人整体文化水平偏低。社区中农村残疾人主要收入来源是医疗保障、社保、失地农民保险等,这部分残疾人面临着严峻的生存问题。社会工作者进行介入。

---

① 谢媛,朱国红.农村残疾人救助服务的社会工作介入研究:以四川省成都市郫都区 A 社区为例[J].社会与公益,2019(12):17-19.

针对农村残疾人的救助服务，社会工作者应帮助 A 社区农村残疾人链接社会资源，恢复其自我发展和成长的能力，并帮助其建立社会支持网络，增强能力，促进其自立，以应对传统救助工作只能暂时缓解经济压力的"治标不治本"问题。首先开展了以农村残疾人能力建设为主题的服务项目，根据残疾人家庭的实际情况，整合各方面资源，从身体康复治疗、心理辅导、社会救助等各方面出发，构建社会工作者救助帮扶系统，运用个案工作的方法，来帮助面临多重困境、复杂问题的农村残疾人。其次设立农村残疾人服务站点，向他们提供关于残疾政策、法律援助、教育就业等方面的咨询服务，并据此做好详细的登记工作。最后在农村设置残疾人活动室，促进他们与其他村民的交流融合。社区工作者在工作过程中始终本着"以人为本，助人自助"的思想，恢复了 A 村残疾人弱化的功能，改善了他们的生活。

3. 促进人的全面发展

社会工作是一门助人自助的专业，它不仅仅着眼于帮助服务对象解决问题，更加注重服务对象能力的提升。优势视角认为每个人、家庭、群体都有其优势，每个人都是有潜能的，只不过在遇到问题时个人可能意识不到这一点，社会工作此时就要运用专业的服务方法挖掘服务对象的潜能，增强他们的心理动力，树立积极的信念，使他们不仅能够解决当下的问题，还能够有信心面对未来的种种挑战。促进人的发展是社会工作的终极目标，而这项功能是与其他功能密切相关的，社会工作者在帮助服务对象解决问题的同时也提高了服务对象解决问题的能力，例如在案例 1-10 中为了解决残疾人的生存问题，社会工作者通过开展残疾人能力建设服务项目、设立残疾人站点和活动室为他们营造一个良好的生存环境，从而能够提高其自己解决问题的信心，真正实现自助。

案例 1-11：社会工作介入流动儿童抗逆力提升[①]

伴随着国家的高速发展，人口流动已然成为社会发展趋势。武汉市南湖片区流动人口集中，中南民族大学、中南财经政法大学等高校周边市场存在规模庞大的流动摊贩，其子女作为流动儿童面临生理、心理、行为、文化、社会参与等城市适应困境问题。流动儿童的抗逆力较弱、自我效能感低、社会融入能力差。就此，社会工作者基于社会生态系统视角，微观上，以个体增能为导向，关注流动儿童抵御风险的潜能发挥，通过家庭探访、政苑430课堂来排查环境风险，给予安全性的学习环境；中观上，注重家庭沟通及意识行为的改善，加强流动儿童与朋辈、社区的积极互动，通过建立素质拓展小组、社会化训练小组、潜能互动小组、拥抱新城市主题活动等来提高流动儿童的综合素质建设；宏观上，以支持倡导为导向，促进社会公众对流动儿童家庭的认知、理解与支持。在服务开展过程中，社会工作者更加注重挖掘社区资源，培养社区发展能力。对帮扶志愿者进行技能培训、主题培训、工作内容培训，并时常召开经验交流分享会，形成了成熟的管理与服务模式，提高了流动儿童及其家庭的抗逆力水平，流动儿童的家庭支持与社会支持的获得度不断提升。

（二）对社会的功能

1. 维持社会稳定

个体在社会生活中并不是一帆风顺的，会面临各种各样的突如其来的危险，如意外伤害、遭受巨大灾害、经济破产、精神崩溃等。由于自身条件或者环境条件的限制而无法靠自己解决，需要借助其他的社会力量

[①] 段凡.流动儿童城市适应性的社会工作介入研究[D].华中农业大学，2012.

来帮助自己解决问题,走出困境,社会工作在维持社会稳定与安宁方面能够起到一定的作用。

案例1-12:社会工作介入突发公共卫生事件的实践
——以深圳社工参与新冠肺炎疫情防控服务为例①

从全国来看,社会工作者参与新冠肺炎疫情防控处于辅助性地位,主要在社区防控、资源整合、心理疏导和关怀弱势群体方面进行配合性工作。而深圳社会工作者面对突如其来的疫情,同样采取泛专业化的原则,一切围绕抗"疫"目标,灵活地以社会工作者和志愿者的双重身份,积极、有效地助力防疫工作,例如深圳社会工作者以志愿者身份参与"武汉社工社区支持计划"和武昌方舱医院"社工共振"项目线上支持服务,为湖北的社区居民、社会工作者、病患及其家属提供心理援助和陪伴支持。在深圳,社会工作者则因其参与社区治理的逐步深入,从辅助者向设计者、协调者过渡,彰显社会工作的专业价值。

此次疫情防控中,社区是医院之外的另一个重要战场。一线社会工作者发挥专业优势,参与社区应急管理预案设计,并将心理支持、关怀特殊群体、双工联动、资源整合、反歧视倡导等社会工作元素纳入其中。例如,指导小区物业建立出入人员登记流程并提供语言策略培训;针对疫情期间社区快递多、乱摆放等问题设置快递摆放规则和区域;对老年人、精神障碍患者、戒毒康复人士、流浪乞讨人员、外籍人士等群体开展精准化服务;开通心理支持服务热线;为湖北返深人员提出反歧视倡导;链接多种社会资源为其他防疫前线工作者提供协助与支持;联动社区志愿者构建楼栋互助平台;组织国际志愿者开展输入性防范服务……深圳社会工作者以设计者、协调者的角色定位,通过促进正式与非正式支持网络的互动交流,更深入地参与到社区联防联控中。

---

① 钟宇灵.社会工作介入突发公共卫生事件的实践:以深圳社工参与新冠肺炎疫情防控服务为例[J].中国社会工作,2020(12):34-35.

2. 促进社会和谐

个体在生活中除了会遇到突发性的危险之外,还会面临着物质生活或精神生活的某种困境,如失业、婚姻破裂、身患重大疾病等,当面临这些问题时,个人也可能会束手无措,无法很好地解决这些问题,这时,同样会需要外界的介入和帮助。在现代社会中,各种矛盾交织在一起,离婚率大幅度上升,加上各种离异、不婚、同居、婚后配偶失联、父母双方或一方涉毒涉罪等,导致城市社区产生了一批名义上有监护人但实际上监护人不愿或无力监护的儿童,这些儿童被称为"困境儿童",这时候就需要社会工作的介入。

案例1-13:社会工作介入困境儿童服务——以D村服务为例[①]

D村为四川省西南边缘的一个少数民族聚居村,困境儿童数量大、问题多。在社会组织和基层政府的支持下,社工选择D村作为服务点,采用实地研究法,调研D村困境儿童现状并进行筛查建档,以儿童为主体开展个人、家庭、学校/社区多层次服务,帮助困境儿童走出困境。微观层面上,D村社工通过小组工作介入困境儿童安全教育,将有共同需求的困境儿童聚集在一起,促使其在小组中学习安全教育知识,提升安全意识。社工帮助困境儿童对自己的实际情况、以往经历等作出客观理解和分析,引导其正确分析和了解自身困扰产生的原因和发展过程,为其提供必要的情绪宣泄机会,获得长期稳定的情感支持。中观层面上,社工以整个家庭为服务对象,为家庭链接资源,帮助家庭成员了解儿童目前的问题及需求,鼓励其与社工合作,提供支持,促使儿童改变;提供亲职辅导,宣讲相关的教育知识,帮助其辨别不合理的理念,并劝导其尝试做出改变。宏观层面上,学校社工以课内外活动为载体,创造困境儿童与同辈之间的互动机会,并帮助其处理矛盾,重塑交往认知,另外在意

[①] 高馨.社会工作介入困境儿童服务的经验与启示:以D村服务为例[J].学会,2020(6):11-16.

识提升方面,社工积极与社区建立关系,宣传困境儿童相关知识和服务,提升社区保护意识,寻求服务支持,培养内生力量。通过社工的介入与帮助,D村困境儿童的家庭支持功能、教育支持网络、社区保护体系都有了一定的改善。

3. 促进社会发展

社会工作促进社会发展的功能是指社会工作者帮助服务对象挖掘自身潜力,使其更加有信心有能力面对自己的问题,解决自己的问题,实现个人与周围环境的统一。个体发展的环境存在差异,社会工作者努力消除服务对象所处环境的消极因素,促进个体更好地融入社区、社会就是社会工作促进社会发展的功能所在。

案例1-14:小组工作介入学龄期流动儿童社会适应性提升
——以手工小组介入为例[①]

S小学位于城乡接合部,自然环境较差。学校严格管理外来人员的进出,实行登记签到制度,加强对学生们的安全保护,学生中午在学校统一就餐,部分学生上下学需要坐公交或者由孩子的父母接送。学校现有13个教学班,在校生450人,教职工76人,该学校有40%的学生为流动儿童,学生异质性较为明显。从该小学4~6年级学生中选取10名流动儿童为干预对象,以"成长互助·手工兴趣小组"为主要干预手段。手工小组以新颖的手工作品来吸引学生参加活动,在制作手工品的过程中他们可以获得成就感,引导其全面地评价自己,发现自己的长处,鼓励他们与人交往,并构建良好的社会支持网络进而提升他们的社会适应性。社会工作者通过设计"相见欢·走近衍纸""衍纸情·互送书签""衍纸情·走近Ta""衍纸情·优点集训营""衍纸情·亲子空间""纸上生花·大团圆"等小组主题活动来提升流动儿童的社会适应性,经历六次手工小组

---

① 张忠宇,王栋乐.小组工作介入学龄期流动儿童社会适应性提升的研究:以手工小组介入为例[J].武汉冶金管理干部学院学报,2020,30(1):77-79.

活动后,流动儿童由开始的拘谨腼腆到后来的积极活跃,他们的自信心得到提升,敢于尝试新鲜的事物,人际交往有所拓展。其具体表现:在生活适应方面,他们开始接纳现在的生活,感受到城市生活的美好,同时他们构建同辈支持网络,逐渐找到自己努力的目标。在学习适应方面,他们开始给自己定下学习目标,从按时完成作业、集中精力听课开始改变自己,学习成绩得到逐步提升。在人际交往方面的改善主要体现在朋友的数量增多,与老师、同学互动的频率得到提高,并且在与其他小伙伴交往过程中也发展自己的兴趣爱好,从而不断结识新的朋友。在自我认知方面,他们对于以前的认知发生了很大的改变,不再认为自己一无是处,相信通过自己的努力也一定可以提高成绩。

三、社会工作的功能实现

社会工作服务的专业性在其服务流程上也有所体现,社会工作的一个特点就是科学性开展工作,帮助服务对象解决问题并不是盲目的,而是有其科学依据的,从接案到结案的每一步都是关键的,另外也需要组织环境和政策的支持,这样解决问题循序渐进、逐个击破才能保证社会工作功能的实现。

(一)实施社会工作的一般流程

1. 接案

"接案"是社会工作功能实现的第一步,是整个服务流程的第一步,正所谓"万事开头难",社会工作者一定要做好接案工作。接案工作主要包括社会工作者和服务对象就自己的角色展开沟通,有了这样一个过程,社会工作者能够与潜在服务对象进行接触,了解其需要,帮助其逐渐进入服务对象的角色并接受服务。接案工作的目的是使社会工作者与服务对象双方澄清彼此的期待与义务,以避免这样的分歧成为后续工作的阻挠,社会工作者还要不断地鼓励服务对象,使他们为解决自己的问题而做出努力,这就需要双方建立起信任关系,这样才能促使服务对象积极参与改变的过程,为后续的工作打下基础。

2. 预估

在专业关系确立之后,社会工作者为了能够更好地了解服务对象,就需要收集分析服务对象的有关资料,从而确立服务对象的问题和需要,并且做出解释。社会工作是一个专业的服务过程,预估工作在整个过程中起到了承上启下的作用。预估就是收集服务对象有关资料,了解服务对象问题形成的过程,也就是说社会工作者在这一阶段要找到服务对象的问题,包括问题的主客观因素、问题的成因及使问题延续的因素,识别出服务对象及环境中的积极因素,最后再决定提供服务的方式和内容。

3. 计划与介入

在剖析了服务对象的问题之后,就要进行理性的思考,为更好地付诸行动奠定基础。在这一阶段,社会工作者需要将问题进行整合,因为计划是社会工作者将各种因素的互动关系串联起来,构成对服务对象系统情境的完整认识。介入是社工对服务对象采取行动,按照服务协议落实社会工作计划的目标,帮助服务对象改变解决预估中确认的问题,从而实现助人计划的重要环节。

4. 评估与结案

评估是社会工作者对整个助人过程的反思评价。评估是确定当初的目的目标是否实现的手段,是对介入程序的评量,考查结果与其所陈述目标之间的关系。评估是一种认知过程、一种逻辑判断。社会工作评估可以分为过程评估和结果评估。过程评估是对整个介入过程的监测,它关注的是工作过程的每一个步骤、每一个阶段和程序怎样促成了最终的介入结果;结果评估是在所有工作完成之后进行的评估,是检验计划介入目标是否实现以及结果实现的程度及其影响。

结案是介入计划已经完成,介入目标已经实现,服务对象的问题已经解决或者已经习得解决自己问题的能力时,社会工作者和服务对象逐步结束工作关系所采取的行动。在这一阶段社会工作者需要对之前的工作进行总结,做好结案记录并形成结案报告,并且要巩固服务对象已有的改变,社会工作者的宗旨是"助人自助",在帮助其解决问题的过程中提高他们解决问题的能力,社会工作者与服务对象解除工作关系并不意味着不与服务对象有任何的接触,而是不再提供服务。在所有工作结束后社会工作者还要对服务对象进行跟进服务,在服务结束后的一段时期内定期对服务对象进行回访和跟踪,了解他们的情况和服务需要。

案例1-15:释怀过去,从新开始——一名中年安置帮教人员的个案介入

社会工作者在接案之前首先要了解服务对象的背景资料。服务对象翁某,男,52岁,小学文化,已婚,从事物业维修工作,现住胜浦镇。目前父母年纪较大已退休,妻子待业在家照顾孙子、孙女,女儿已婚并有稳定工作。家庭结构稳定,关系融洽。2013年因琐事与人发生扭打造成他人身体轻伤,判处拘役六个月缓刑六个月并赔款35 800元。矫正期满后纳入安置帮教。通过接下来的预估分析了解到服务对象翁某具有心理疏导、自我调控方面的需求,根据翁某的需求,社会工作者制订了相应的工作计划,并运用社会工作专业方法进行介入,最后结案。同时,对整个过程和结果进行评估,在个案初期,运用支持性技巧中的同理心、倾听技巧,让服务对象放松心情,容易接受社会工作者,从而慢慢平复他的情绪;个案中期用叙事治疗法进行详细询问了解其他隐藏部分,并举例引导服务对象进行思考;个案后期,服务对象在情绪失控和愧疚心理方面已有所改善,也开始能主动思考并用行动来面对今后的生活。服务目标基本完成,最后进行专业反思来回顾整个服务过程,社会工作者遵循社会工作价值体系、伦理守则,但理论技巧运用不完善,导致服务对象自我防御较强,介入服务进度缓慢,且服务对象回答的只是表面情况,并未表达内心真实想法。

(二) 实施社会工作的组织模式

在社会工作中如何调动和运用资源是社会工作运行过程中必须要考虑的问题。受助者求助模式是指有困难者怎样向福利服务提供者请求帮助，是主动求助还是被动等待，或者他们并未明确表达自己的需要和受助愿望。资源获取模式是指福利服务提供者如何获得提供服务所必需的资源，他们从哪里获得这些资源和如何获得这些资源，资源来自政府还是来自企业或社会，是由政府拨付还是需要社会募集。服务提供模式是指服务提供者如何将资源传递给服务对象，是通过政府组织系统还是专业服务体系，还是民间的自然系统。2018年民政部出台了《"互联网＋社会组织（社会工作、志愿服务）"行动方案（2018—2020年）》，优化社会组织网上办事服务，推动社会组织法人库及信息系统建设，推动社会组织数据管理和数据共享，民众可以从网上找到相应的社会组织的基本信息，面向社会开放依法可公开的社会组织数据资源，支持互联网门户网站、新媒体平台提供多样化、个性化社会组织查询服务，方便公众随时随地获取信息。加强移动端信息公开服务，推动"中国社会组织动态"政务微信建设，鼓励地方民政部门开展社会组织"两微一端"（微博、微信、移动客户端）等新媒体建设，拓宽与网络媒体合作渠道，扩大面向基层群众的正能量传播，提升社会组织的知晓度与公信力[1]。

案例1-16："互联网＋"背景下社会工作介入居家养老服务[2]

X社区老年群体社会地位较低，无法从真正意义上接触最新的社会资源。政府、社会和相关部门虽然能够将现代化方法和"互联网＋"

---

[1] 王思斌.社会工作专题讲座 第二讲 社会工作的功能及其实现[J].社会工作上半月（实务），2008(2):42-44.
[2] 高虹,韩建."互联网＋"背景下社会工作介入居家养老服务研究[J].智库时代,2020(11):283-284.

智能手段相结合为老人提供便利,但仍无法进一步解决相关问题。因此,当地社会工作者为了将老年人的学习能力挖掘出来,一方面强化居民与居民之间的交流和沟通,来为老年群体建立一个专门的发展支持网络,通过家庭入户,主动了解该社区老年人的实际需求,利用空闲时间教授老人使用智能设备的方法。另一方面社工充分链接调动社区资源,搭建资源平台,在社区内进行知识宣讲,宣讲人员主要聘请社区辖区范围内从事电子产品销售、熟知电子产品性能以及网络服务的企业工作人员,在宣讲之前对其进行培训,让他们了解该社区老年人的一些特点,经过社区链接、人员培训、线下教授的一系列过程可以让老年人通过互联网平台来选择自己想要的服务,通过X社区"互联网+"和居家养老服务进行深入的结合,实现了社会资源的充分利用,完善了该社区的养老服务,使老年人在获得信息方面取得巨大的便利,提高老年人晚年的生活质量,激发老年人参与社会活动的热情。

(三)政策制度对实施社会工作的影响

社会政策作为国家向困难群体提供福利的制度内容,与社会工作融合,可以及时解决困难群体所遇到的问题。一般情况下,政府在社会政策落地中,需要进行福利标准、福利筹集以及政策落实等方法的完善,以更好地实现社会政策实施以及社会福利的创新,满足当前社会的和谐发展需求。一个社会的经济发展水平及财富分配制度对福利资源的筹集有着直接关系。一般来说,在强调自由竞争的经济体制下,政府会采取刺激经济增长和削减福利的政策;在政府对市场经济有较多干预的情况下,政府则会通过利益再分配来减少贫富差距,缓解因分配不均而产生的社会问题。福利资源的来源渠道和多寡会对社会工作产生重要影响。政治制度也会对社会工作的实施产生影响。政治制度既表现于国家政体,也表现于社会政策。当一个国家、政府的社会政策较能反映社会公平和社会进步的要求时,社会工作就获得了一个支持性的实施环境,并成为社会政策的执行者。相反,当缺乏社会政策或某种社会政策不能反映社会公平及社会进步的要求时，社会工作的环境就是约束性的，社会工作者就要以自己的工作去试图改变政策环境。《国家中长期人才发展规划纲要（2010—2020年）》进一步指出，要适应构建社会主义和谐社会的需要，以人才培养和岗位开发为基础，以中高级社会工作人才为重点，培养造就一支职业化、专业化的社会工作人才队伍，到2015年，社会工作人才总量要达到200万人，到2020年，社会工作人才总量要达到300万人。2011年中共中央组织部、中央政法委、民政部为深入贯彻党的十七大精神，全面落实《中共中央关于构建社会主义和谐社会若干重大问题的决定》和《中共中央、国务院关于加强和创新社会管理的意见》要求，努力造就一支高素质的社会工作专业人才队伍，为构建社会主义和谐社会提供有力的人才支撑；同年出台了《关于加强社会工作专业人才队伍建设的意见》，必须在经济发展基础上，加快推进以保障和改善民生为重点的社会建设，加强和创新社会管理，大力发展社会事业，培养造就一支数量充足、结构合理、素质优良的社会工作专业人才队伍。社会工作专业人才是具有一定社会工作专业知识和技能，在社会福利、社会救助、慈善事业、社区建设、婚姻家庭、精神卫生、残障康复、教育辅导、就业援助、职工帮扶、犯罪预防、禁毒戒毒、矫治帮教、人口计生、纠纷调解、应急处置等领域直接提供社会服务的专门人员。充分发挥他们在困难救助、矛盾调处、人文关怀、心理疏导、行为矫治、关系调适等个性化、多样化服务方面的专业优势，对于解决社会问题、应对社会风险、促进社会和谐、推动社会发展具有重要的基础性作用[①]

案例1-17：嘉兴市开展社会工作人才队伍建设试点[②]

为贯彻中央提出的"建设一支宏大的社会工作人才队伍"的精神，嘉

---

① 陈宇鹏.职业化与专业化：社工人才培养的路径选择[J].中国人才,2011(7):76-77.
② 浙江省嘉兴市民政局(市委社工办).嘉兴市开展社会工作人才队伍建设试点情况汇报[EB/OL].(2016-10-30)[2021-10-11].https://www.docin.com/p-1770180487.html.

兴市委、市政府高度重视以改善民生为重点的社会建设和社会管理,不断创新和完善社会管理体制和社会工作机构,从体制创新入手,探索建立本土化社会工作新经验,在学习借鉴第一批社会工作试点先进经验和做法的基础上,结合嘉兴市实际情况,探索出了"党政主导、社区社团社工三社互动、部门参与推动"的本土化社会工作经验。社工队伍建设机制得到完善。从考评培训着手,探索建立社工队伍培养新模式,一是建立社会工作者职业资格评价和职业准入制度。尝试探索全国统一考试和地方评审相结合的社会工作者职业资格认定制度,广泛组织发动社会工作者参加全国社会工作者职业水平考试。二是建立社会工作教育培训体系,着重加强了对领导干部、社会工作从业人员的知识辅导和实务培训。三是建立地校合作交流机制,不断加强与本地高校的联系协调,在嘉兴学院公共事业管理本科专业中,设立了社会工作教学模块,并开设了社会工作专业成教本科。

第四节 社会工作者

社会工作的特点之一是在为案主服务的过程之中,社会工作者运用其专业的价值理念、知识储备和工作方法,扮演多重角色,发挥多种功能。那么,什么是社会工作者?社会工作者有哪些作用?社会工作者与志愿者、社区工作者、慈善工作者有什么区别呢?

一、社会工作者的概念

"社会工作者"一词最早出现于1990年,和专业社会工作出现的年份大致相同。在社会工作尚未成为一种专业的助人活动之前,当时从事助人活动的主要是志愿服务人员,按照自己所信仰的宗教教义或价值观从事慈善救济活动。如被称为"第一位个案工作者"的英国牧师查默斯,他以友善访问员的身份开创个案工作的先河,在服务工作中重视个别化、服务对象资源以及对友善访问员的培训等。但最初提出"社会工作者"一词的是西蒙·帕顿(Simon N. Patten),他在1900年创造了这个名词。只不过从帕顿本人的原意看,社会工作者主要是指那些从事社会救济物品分发的人员,还不能被称为专业社会工作者[①]。随着社会发展,社会问题日益复杂和多样化,过去的仅凭个人热情和信仰的、无组织且非专业的助人活动已不能满足社会的需要,社会工作开始走向专业化,作为专业人员的社会工作者也就出现了。

美国社会工作者协会(NASW)将社会工作者界定为:"毕业于社会工作学院,运用他们的知识和技巧为个人、家庭、社区、组织和社会提供社会服务的人员。社会工作者帮助人们提高解决问题的能力,帮助他们获得所需要的资源,促进个体与人们及其环境的互动,促使组织负起对社会的责任,影响社会政策。"[②]英国社会工作者协会对社会工作者的定义是,社会工作者是"受雇于社会服务机构或相关组织,在其雇用契约中明确规定其社会工作者身份,在社会工作实务领域内履行义务的专业工作者"。2006年7月20日,我国颁发了《社会工作者职业水平评价暂行规定》和《助理社会工作师、社会工作师职业水平考试实施办法》,标志着我国社会工作者职业水平评价制度的正式建立。这两个文件中明确指出社会工作者是指"在社会福利、社会救助、社会慈善、残障康复、优抚安置、卫生服务、青少年服务、司法矫治等社会服务机构中,从事专门性社会服务工作的专业技术人员"。

对于社会工作者的概念,以上几个定义都讲述了社会工作作为一个职业、专业,从事其的人员所具备的一些特征:(1)受过社会工作专业教育;(2)从事社会服务;(3)具备社会工作职业资格证书;(4)受社会工

---

① 李迎生.社会工作概论[M].北京:中国人民大学出版社,2010:155.
② BARKER R L. The social work dictionary[M]. Washington, DC: NASW Press,1987:155.

作道德伦理和职业守则制约。[1] 综上,社会工作者是指运用社会工作专业知识和方法,在社会工作价值理念指导下在社会工作和社会福利服务领域从事相关工作的专业人员。

二、社会工作者角色

社会工作者的角色十分复杂。作为社会工作的主体,他们不仅是直接服务的提供者,也是案主的支持者,还是资源链接者和政策影响者等。在服务过程中,社会工作者是多功能的,在不同的服务阶段、领域和服务模式中,通常需要扮演不同的角色,如服务开始时的资料收集者、计划者,小组工作中担任的主持人,行为治疗中的教育者等。有关社会工作者具体的直接服务角色和间接服务角色的介绍也有很多。这里就不做详细讨论,下面介绍社会工作者主要扮演的角色。

(一)服务提供者

社会工作者最基本的角色之一就是服务提供者,这里的服务既包括物质、资金方面的帮助,也包括心理、精神支持层面的服务。由于社会工作的服务对象主要是弱势群体,满足服务对象物质层面的需求是首要职责。

案例1-18:"阳光妈妈"——不再孤单[2]

社工小郭在街道进行走访时,了解到服务对象M妈妈在和丈夫离婚后,母子两人一起生活。M妈妈的儿子现在就读高一,成绩却在不断地下降。面对这样的情况,M妈妈十分紧张,一直认为自己儿子"不正常"。在M妈妈不断的负面评价和压力之下,其儿子性格越来越反叛,亲子之间矛盾愈发严重。面对这样的情况,M妈妈希望社工能对她有

---

[1] 殷晓清,薛和.当代社会工作[M].北京:中国时代经济出版社,2003:246.
[2] 该案例来源于南京市玄武区同仁社工事务所"苏馨港湾"项目之南京市贫困单亲家庭综合支持项目。

所帮助。社工小郭了解到这样的情况后,首先对个案进行了分析,确定服务的目标。提供个案辅导使 M 妈妈接纳和理解儿子的一些行为,使其学会发现孩子身上的优点。针对孩子的学习情况链接大学生志愿者为其补课,提高学习成绩。

(二)案主支持者

社会工作者不仅为服务对象提供直接服务或帮助,也要鼓励其自强自立,实现"助人自助"。社会工作者凭借专业知识、技巧,帮助案主正确分析个人情况,给予案主心理上的支持,并且尽可能地创造条件使其能够自我发展。

案例 1-18 中 M 妈妈在接受服务时认为都是自己的婚姻状况导致家庭结构不完整,造成了孩子成绩下降。然而,单亲家庭也是家庭的一种形式,孩子成绩下降有许多客观原因。针对案主不正确的认知情况,社工通过辅导,让 M 妈妈了解到亲子矛盾的根源也许在于不正确的沟通方式。如 M 妈妈在孩子提出补习时,会习惯性地说"风凉话"打击孩子,与孩子之间并没有一个良好的沟通方式,反而产生了一种恶性循环(孩子成绩下降—妈妈失去耐心—亲子矛盾产生—双方失去信心),这可能会让孩子更加不能用心学习。在 M 妈妈学会正确的沟通方式后,亲子关系缓和,孩子的成绩在补习后也有了一定的进步。

(三)资源链接者

社会工作者在服务过程中以系统的方式将相关因素链接起来有效助人。社会工作者在为服务对象服务时,通过联络政府部门、企事业单位、社会组织和其他社会成员以筹集资源满足服务对象的多方面需要。服务对象问题的解决往往需要多层次的帮助,通过社会工作者对资源的链接,使服务对象得到所需的资源,来摆脱困境,开始新生活。

案例 1-18 中社工小郭在街道开展针对单亲家庭的项目时,为服务对象进行就业辅导,组织面向服务对象的定向招聘活动,链接企业 50 多家,提供超过 60 个全职岗位和兼职岗位。项目服务前期调研需要工作的45人中8人找到工作,23人改换工作或找到兼职,2人创业。

(四)政策影响者

社会工作者的政策影响角色不仅是开展服务的需要,也是社会工作这个职业本身的义务。在服务过程中,社会工作者发现服务对象的个人问题或者社会问题具有普遍性,是由某种政策因素导致或者只有实行某种政策才能解决时,社会工作者应该整理工作经验,提出政策建议来完善政策。

在调查服务中,社工机构发现贫困单亲母亲能够得到政策的帮助是有限的,尽管妇联、工会、社区、民政等群团组织和政府部门都在各自的工作范围内尝试来帮助这个群体,但总体上来说,还没有面向单亲贫困母亲及其家庭的专门政策,这个人群能够享受到的社会福利水平低、覆盖面窄。针对这类群体面临的困境,需要社会政策加大对这类人群的物质帮助和社会支持,社会工作通过发挥政策倡导提出以下建议:

——扩大城市最低保障政策的范围,实现应保尽保。

——增加对贫困单亲家庭未成年人的救助、提供学习津贴。

——健全覆盖城市贫困单亲家庭的医保及大病救助制度,不让该群体因病致贫。

——提供免费的就业辅导、培训服务及针对该人群开发公益性的就业岗位,鼓励该群体就业。必要时,政府给予社会保险补贴。

——在住房政策上,给予单亲家庭特殊的优惠、补贴、减免等。

——支持专门服务该群体的专业社会组织的发展。

——支持、鼓励该群体自我组织、自我服务。

由于贫困单身母亲在市场就业中所处的不利谈判地位,通过市场化手段来实现该群体就业的难度比较大,因此,需要政府及相关的社会组织为该群体提供保护性就业岗位(开发公益性岗位)、补贴社会保险、提供免费技能培训、促进灵活就业等。除直接的物质救助以外,在子女就学、就业、单亲母亲及其子女就医等方面也应该有针对性的社会政策,使该群体能够有充分的社会参与机会并共享社会发展的成果。

（五）研究者（评估者）

在开展服务和总结服务经验时，每个社会工作者都在扮演评估者或研究者的角色。社会工作实务研究包括研究相关文献、监督案主的发展、评估服务工作的成效和项目的优缺点，以及研究社区的需要等。社会工作者通过不断地总结自己的实务经验，提高专业水准，发展社会工作理论知识，促进社会工作的发展。

在服务过程中，案例1-18中的项目团队收集整理单亲家庭服务过程中的资料，不断地对服务方法技巧进行总结反思。项目结束后，项目团队设计和编写出《单亲家庭社会工作服务手册》。基于项目服务经验编写单亲家庭服务指南，作为地方性标准，可以为政府、居委会工作人员、社会工作者以及志愿者在服务单亲家庭时提供帮助和指引。

三、社会工作者与志愿者关系

志愿者是自愿奉献自己的时间、精力、财富和智慧为弱者和公众提供服务而不求回报的人员。志愿活动一般是社会认可的、以利他为目的的。在许多国家和地区，志愿活动是制度化的和有一定组织性的，即志愿者也有一定的组织形式，他们在一定的组织中登记、接受培训并接受考核和监督。志愿者的活动是对社会的奉献，志愿服务是公益服务和社会服务的组成部分。志愿服务的普及和发达程度是一个社会进步程度的重要表征。

而在我国，对许多人而言，"社会工作"仍然是一个熟悉而又陌生的词语。在我们的传统话语里，"社会工作"指的是那些工作、学习之余无偿或是义务承担的社会事务，而不是我们所说的作为一门学科和职业的社会工作。因而在人们眼里社会工作者跟志愿者甚至"好心人"没什么区别。

虽然志愿者在提供社会服务方面与社会工作者的活动有相似之处，

但社会工作者与志愿者还是有明显区别的,主要表现在以下一些方面:

（一）工作目标不同

社会工作是为解决社会问题应运而生的,每一位社会工作者参与到社会工作理论或实务研究之中,都是需要进行调查分析,制订工作计划,从而达到解决社会问题、促进社会和谐发展的目标。志愿者则不同,他们的工作目的没有这么明确、具体,也没有什么职业规范和职业道德的约束;他们只是利用自己的专长,凭着自己的兴趣和热情,义务地为公民提供便利和帮助。[1]

（二）扮演的角色不同

社会工作者在服务过程中,因构建服务对象不同、服务的各个阶段和采取的工作方法不同,社会工作者扮演的角色是不同的。比如在社区工作中,社会工作者需扮演从关注问题发生的"发起者"角色,到为了居民协商利益的"谈判者"角色,以及"发言人""组织者""顾问"角色等。而志愿者的角色则简单得多。他们在志愿服务中要扮演的只是活动的积极响应者、参与者和推动者的角色。志愿者不会详细地去收集社区及其居民的信息,更不会去研究它们。所以在志愿活动中,他们只是活动的响应者,积极投身于活动中,利用自己的兴趣或特长推动活动的发展。[2]

（三）专业技术能力不同

社会工作不仅是一门"助人的艺术",更是一门"助人的科学"。作为一项职业,社会工作者必须经过多年的培养和训练,拥有特殊的专业知识和技能,志愿者则不必有此前提条件。社会工作者的身份要由社会服务权威部门来认定,认定的基本手段就是考查其专业知识和技术水平。志愿者身份一般不需要以专业能力为前提。或者说,社会工作者有较强的专业能力,进行复杂的专业服务。

---

[1] 张赞.社工在社区工作中的同行者:志愿者[J].青春岁月,2018(26):465.
[2] 陈敏.浅议社区社会工作者与社区志愿者的差异[J].经济与社会发展,2005(12):155-157.

(四)处理问题的难易程度不同

志愿者从事的多是对公众和困难群体的一般服务,这些服务一般是体力或时间的付出以及简单的物质性的帮助。社会工作者的服务一般会涉及政策、心理、社会关系等方面,一般是解决比较复杂的问题。

(五)社会约束不同

政府和社会对社会工作者的服务行为与效果有比较严格的要求,而对志愿者的服务要求比较一般。这表现为,社会工作者有专业守则,而志愿者只有一般行为规范。社会工作者的工作要接受行业组织的考核与监督,志愿者只要履行了服务责任即可。社会工作者与志愿者之间的差异并不说明社会工作者更高级,而是说社会对社会工作者的要求更高、更严格。

案例 1-19:养老中心的志愿者队伍[①]

位于广东省江门市蓬江区羊桥市场附近的蓬江区居家养老服务示范中心,是蓬江区委、区政府创新社会管理、探索社会养老服务新模式的重要举措。居家养老服务中心的社工谭姑娘告诉记者,自服务中心投入使用后,得到许多老人的认可与向往;面对越来越多老年会员的加入,组建一支为老人服务的志愿者队伍的想法被提上了议程。"一些老人知道要组建志愿者队伍后,十分积极地表态,一定要成为志愿者中的一员,自己人帮助自己人。"谭姑娘笑着说道,虽然她并不是在居家养老服务中心工作的第一批社工,但根据前辈社工的介绍,结合现在老人的机灵活泼样子,她几乎能想象到这群可爱老人的积极模样。

谭姑娘介绍,老年志愿者队伍有五十多人,其中有 9 名老年志愿者

---

① 他们,享受助人的快乐:蓬江区居家养老服务中心的老年义工们[EB/OL].(2018-11-15)[2021-03-18]. https://www.sohu.com/a/275768646_821416.

为在各个功能室里娱乐的老人服务,还有些老人则是专业的老师,为老人提供免费的健身操、舞蹈、粤剧等课程教学。还有一些老人是宣传队的,不定期代表中心宣传老人正面形象。此外,这支老年志愿者队伍也会经常更换新鲜血液,"有些老人年纪大了,觉得没有精力继续做志愿者了就会急流勇退,把机会让给'年轻人'"。

老年志愿者队伍的队员们在中心助人为乐,将中心当成了另一个"家",在这儿他们是助人者。社工为志愿者队伍制定了课程表,组织志愿者们探望周边老人,这支老年志愿者队伍让居家养老服务中心时时充满欢笑,让老人们老有所为、老有所乐。

四、社会工作者与社区工作者的关系

社区工作者一直没有统一的定义,本书从广义和狭义两个层面来界定。广义的社区工作者是指所有参与社区工作的人员,包括社区党组织和社区居民自治组织成员、职业社区工作者、社区志愿者、社区中介组织成员、社区理论工作者。狭义的社区工作者主要包括社区党组织、居民委员会干部和专职的社区工作者[①]。从狭义概念看,我国传统的社区工作者就是指社区的党组织和居委会成员及专职社区工作者,而随着社会不断发展,在政治概念和学术领域中,越来越认同广义概念的社区工作者。我国的社区工作者主要由三支队伍构成,即社区居委会干部、社区专业人员、社区志愿者,本书统称其为社区工作者。

社会工作者是指"在社会福利、社会救助、社会慈善、残障康复、优抚安置、卫生服务、青少年服务、司法矫治等社会服务机构中,从事专门性社会服务工作的专业技术人员"。这个概念规定的社会工作者工作领域在实际服务输送过程中大都是通过社区这个平台发送出去的。从社会救助角度看,目前在街道层面的社区中最低生活保障金领取家庭的"资

---

① 孙莹.如何区分社会工作者与社区工作者[J].中国社会导刊,2007(07X):32-33.

格审查"是由社区居委会实施调查、街道民政审核完成的。从社会福利角度看,在街道层面普遍建有社区服务中心,在为社区的老人、儿童/青少年、残疾人、贫困者和失业人员等弱势群体提供多元化服务的同时,也服务于社区的普通居民。可见,在街道层面和社区居委会层面有大量的工作人员担负着"社会工作者"的服务输送任务。

尽管学界对于社区工作者和社会工作者的属性大小众说纷纭,但从实际工作看,二者还是存在以下的不同之处:

(1) 指导思想:传统社区工作者的工作原则、内容及推进方式由政策规定,秉持以政策为本的理念。社会工作者秉持专业价值观,以社区需求为本。

(2) 机构管理形态:社区组织按照政策规划目标,对口行政机构设立六大委员会;各委员会分管不同业务,以非正式合作机制处理合作事宜;按照国家相关政策的要求统一配置办公、服务设施及场地。社会工作者按照专业要求与社区需求制定机构规划,设立适当的组织机构,建立分工合作机制;按照居民与服务需求设计服务设施及场地。

(3) 人员素质:传统社区工作者的基本状况是政策为本的价值观、较低的教育程度、经验为本的服务技巧。社会工作者的基本状况是具有以人为本的价值观、多学科的专业知识基础以及多样化的服务技巧。

(4) 工作内容:传统社区工作者的主要工作内容是行政事务;社会工作者的主要工作内容是提供需求及政策要求的服务。

(5) 工作效果:传统社区工作者的工作成效主要体现为政策服务对象及政府的满意度。社会工作者在获得服务对象满意度的同时,提升了社区参与,促进社区发展,获得政府的行政满意度。

案例1-20：社区防疫，初心不忘聚合力[①]

社区是疫情联防联控、群防群控的关键防线，成都市大同社会工作服务中心T片区有6个社工站、14名社工，积极参与社区防控，推动防控资源和力量下沉，探索社区党委和居委会、社会工作者、社区志愿者、社区服务企业"四社联动"，把社区这道防线守严守牢；以初心、齐心、热心、贴心的"四心"服务，做好群众工作。

社区党委作为领头羊，广泛动员党员、社会工作者、志愿者、物业、社区合伙人、网格员等团结一心，以"三加强、两保护、四禁止"为防疫工作法则。明确工作任务，根据政策，先后组建了走访组、电话组、后勤保障组、巡查组、门岗组、复工组、宣传组、健康预约组等，确保工作全覆盖。

而社会工作者充分发挥联结者的作用，链接各方资源为居民提供心理辅导，搭建互助平台，培训志愿者等，传递正能量，并通过社企合作的爱心平台，筹集物资。社会工作者培训的志愿者队伍是协助社区工作者和社会工作者排查、站岗的重要力量。

在应对新冠肺炎疫情时，T片区社区治理深耕于社区、人群、项目，通过三年的社区营造，物业公司、社区社会组织、志愿者队伍、商家在协同社区抗"疫"中的作用逐步显现，社会工作者在社区党委的统筹安排下，仍发挥专业技术和方法，梳理社区联动机制，运用信息化的平台收集信息，为居家观察者提供服务，建构门岗志愿者话术，开展线上互动活动及课程等。

五、社会工作者与慈善工作者的关系

我国的公益慈善工作和社会工作一直有着理不清的关系，大部分人认为公益和做慈善就是一种社会工作，或者认为社会工作本身就应该带

[①] [成都社工]抗疫，我们始终在一线[EB/OL]. (2020-12-09)[2021-05-01]. https://www.sohu.com/a/437173054_99908708.

有公益慈善性质。大众产生这样的想法主要是因为两者在发展起源上有着类似的背景以及相同的愿景,即希望塑造公平有序的社会环境,同时在价值观上两者也存在着明显的内在契合性。而在实践过程中,公益慈善和社会工作也存在工作内容和方向混淆重叠的部分,令人难以辨析。但慈善工作者和社会工作者工作的具体要求还是存在以下差别的[①]:

(1) 在价值观方面,慈善工作者和社会工作者均以"利他主义"为指导,但慈善工作者秉持"爱与同情"的传统助人理念,社会工作者更强调以人为本、尊重、自决、"助人自助"等价值理念。并且社会工作者在达到这一目标时更要考虑如何去满足受助人群的多元化需求。

(2) 在专业知识理论方面,慈善工作者除了具备慈善领域相关知识外,还需要掌握管理、经济、法律、社会保障等学科的知识理论。而社会工作者所接受的教育中,既包括慈善知识理论,更涵盖了经济、管理、法律、心理、社会保障、营销等学科。此外,社会工作专业服务理论和方法也使其在从事慈善工作时更加有效和专业。

(3) 在工作能力与技巧方面,慈善工作者需要洞察到受助对象的需求所在,并为其提供切实有效的支持与帮助,协调支持性社会资源,策划、开展能满足受助群体需求的慈善项目,因此必须具备沟通、协调以及项目管理等能力。社会工作者以社工三大方法"个案、小组、社区"开展服务工作,运用"同理心、聆听、自我披露"等技巧,以取得受助者信任,增强工作效果[②]。社会工作者注重跨专业合作,优化团队人员配置、挖掘团队成员潜力,以促进团队的发展。

(4) 慈善工作者需要很强的服务意识和坚定的服务信念,社会工作者在服务意识上表现得更为主动,社会工作者会以敏锐的专业洞察力主动寻找弱势群体的需求所在,并提供相应服务。注重预防和发展多元化

---

① 王晓旭. 浅析社会工作者与慈善队伍专业化建设[J]. 才智,2013(19):247.
② 王思斌. 社会工作概论[M]. 2版. 北京:高等教育出版社,2006.

服务也是社会工作有别于倾向提供事后援助的传统慈善事业的重要体现。

由此可见,社会工作者所具备的各项素质均能满足甚至超出慈善工作的要求。事实上,在许多优秀的机构中,拥有专业资质的社会工作者已担任其中大部分工作岗位。例如香港慈善组织明爱,有很多工作都是由注册社会工作者承担并提供专业运作。可以说,高素质的社会工作者在促进慈善队伍专业化、职业化建设中发挥着重要作用。

总之,慈善与社会工作具有同源性,在当代慈善事业朝着现代化迈进的征程中,将社会工作引入慈善领域,必然会促使慈善事业趋向专业化。其中,社会工作者作为社工价值、理念及方法的载体与传播者,有助于慈善组织服务观念的完善,并可促进慈善工作者队伍与慈善志愿者队伍整体素质的提高。[1]

六、我国社会工作者

自20世纪80年代恢复重建以来,中国社会工作在创新社会治理、改善和保障民生、解决社会发展难题、维护社会公平与正义、促进国家治理体系现代化进程中发挥了积极作用。与此同时,社会工作不断走向专业化与职业化,发展迅速,成绩斐然。尤其在21世纪的第二个十年,社会工作在经历本土化与制度化的嵌入过程中,创造了一系列具有中国特色的经验与模式,社会工作机构数量、行业岗位数、从业人员数量等连年持续增长。与此同时,我国社会工作职业化、专业化发展未来可期。

(一)社会工作人才(者)队伍建设

1. 人才

人才,是指具有一定的专业知识或专门技能,进行创造性劳动,并对社会做出贡献的人,是人力资源中能力和素质较高的劳动者。在我国,

---

[1] 赵宝爱. 慈善事业的专业化问题研究[J]. 新疆社会科学,2012(1):123-128.

人才被定义为具有中专学历以上、初级职称以上的人。但在西方并没有"人才"这一说法,只有"天才""英雄""精英"等一系列与之相关的词语,不过从社会发展的角度来讲,无论是国内还是国外,自从人类开始有了集体作业的行为,总会有少部分人,素质高、能力强,可以有质量地完成自己应做的那部分事情,这就是所谓的人才[①]。

2. 社会工作人才

社会工作人才是以"助人自助"为宗旨,运用专业的知识与方法,对有困难的群众进行救助、调节矛盾、维护权益、矫治行为等。在我国社会工作人才并不一定是指普通社会工作者。在我国颁布的《关于加强社会工作专业人才队伍建设的意见》里明确指出,社会工作专业人才是具有一定的社会工作专业知识和技能,并在社会慈善、福利、矫正、医疗等方面提供相关服务的人员,它不仅包括广义和狭义之下的社会工作者,还包括民政系统和慈善等领域之下的社会工作者,也包括在高校的社会工作学者和搞研究的实际工作者。北京市社工委认定合格的社会工作者应具备五个能力:(1) 沟通能力,也就是熟悉地方方言与风俗,能恰当地与人沟通的能力;(2) 协调能力,社区作为社会最基本的单元要跟政府部门打交道,跟居民打交道,跟社会单位打交道,没有协调能力有时候根本无法开展工作;(3) 组织能力,即有能力组织资源,满足居民需求,开展各项活动;(4) 办事能力,其中也包括电脑、网络的使用能力;(5) 活动能力,也就是通过宣传扩大影响的能力。

(二)社会工作职业化发展

2012年,《社会工作专业人才队伍建设中长期规划(2011—2020年)》发布。该规划提出了社会工作专业人才队伍建设的发展目标:到2020年,我国一线社会工作专业人才总量增加到145万人,其中中级社

---

① 刘建洲,何海兵. 构建和谐社会要加强社会工作人才队伍建设[J]. 中国人力资源开发,2007(3):94-97.

会工作专业人才达到 20 万人,高级社会工作专业人才达到 3 万人。根据民政部的统计,2019 年社会工作专业人才队伍规模达到 120 余万人,其中 43.9 万人取得社会工作者职业资格证书(33.2 万人取得了助理社会工作师证书,10.7 万人取得了社会工作师证书)。经过十年的发展,这个目标马上就要达成(如图 1-1)。

社会工作专业人才数量目标达成后,我国出台了一系列文件来运用社会工作专业力量,将社会工作者的角色作用充分发挥出来。

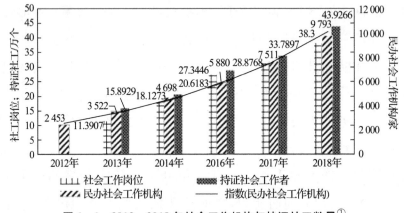

图 1-1 2012—2018 年社会工作机构与持证社工数量[①]

2020 年 10 月召开的加强乡镇(街道)社会工作人才队伍建设推进会提出,围绕增强基层民政服务能力,打通为民服务"最后一米",加快建立健全乡镇(街道)社会工作人才制度体系。力争"十四五"末,实现乡镇(街道)都有社工站,村(社区)都有社会工作者提供服务。2020 年第二季度民政统计数据显示,我国有镇 21 056 个,乡 9 057 个,街道办事处 8 629 个。以此计算,到"十四五"末,我国仅乡镇(街道)社工站就达到 38 742 个。遍布城乡的社工站必将吸纳大量的社工人才。以广东的"双百"计划为例,2017 年以来,已经分两批在全省(主要是经济欠发达地区)建设 407 个镇(街)社工站,每站 4~8 人。湖南省组织实施了社工

---

① 刘畅,袁易卿,孙中伟,等.中国社会工作动态调查(CSWLS2019):设计、实施与样本描述[J].华东理工大学学报(社会科学版),2020(1):1-32.

"禾计划",通过政府购买服务,每年安排3.1亿元资金补助,培育社工机构357个,建设社工站2 069个,实现市、县、乡三级全覆盖,配备专业社工近4 000名。

社会工作者不仅在农村参与乡村振兴、产业扶贫,在社区建设、社会福利和社会救助、养老服务以及医务社工领域的角色也越发重要。需要社会工作者的岗位越来越多,覆盖面越来越广。

(三)社会工作专业化发展

在社会工作人才数量和岗位越来越多的同时,我国对于社工的专业要求正在提高。很多专业领域开始认可社会工作,但不同的领域对社会工作的要求也有差异。我国于2019年开始的高级社会工作师考核评审也是为了完善社会工作专业人才评价制度,以便更科学、客观、公正地评价社会工作者的职业能力。

在养老领域,2019年9月20日,民政部发布《关于进一步扩大养老服务供给 促进养老服务消费的实施意见》提出开展养老服务人才培训提升行动,确保到2022年底前培养培训1万名养老院院长、200万名养老护理员、10万名专兼职老年社会工作者,以建设高素质、专业化养老服务人才队伍。

2020年10月,民政部办公厅就发布了《老年社会工作者培训大纲(试行)》。该大纲按照老年社会工作者的工作内容,采取基础班、提高班、高阶班三个培训层次分级编写方式,逐一细化了政策趋势、理论知识和实务技巧等内容,明确了培训目标、培训对象、培训方式、培训时间、考核要求等要素。老年社会工作教育培训班学员完成学时、参加培训结业考核合格后,可由培训机构按照培训班类型颁发初级、中级、高级老年社会工作者培训结业证书。实际上是为老年社会工作提供了一个不断提升专业化水平的路径。

(四)社会工作者价值不断凸显

社会工作者所包含的职业和专业特性:专业人才+专业岗位+专业

工作,在服务时,需要付出更多的人力成本,意味着具有竞争力的薪酬。自 2006 年十六届六中全会要求大力发展社会工作以来,我国的社会工作者队伍不断扩大,但在队伍发展中面临的主要问题之一就是社会工作作为一个职业,从事社会工作的社会工作者薪酬水平不高。为了建设更高水平、更高素质的社会工作者队伍,国务院和各地方政府都在为提高社会工作者待遇而努力。

深圳市政府办公厅印发《深圳市关于提升社会工作服务水平的若干措施》(简称《若干措施》),其中关于社工待遇的部分或将对各地的社工薪酬体系带来积极影响。一方面,《若干措施》认可了专业社工人力成本的重要性。其明确规定,社会工作服务项目中社会工作专业岗位的数量不低于项目总人数的 80%,建立与项目同步的督导服务机制。项目预算编制应根据服务的数量、规模、质量和效果目标等核算服务成本,项目中人力成本不少于项目经费的 85%,督导经费、业务活动费、管理费、服务险和税费、人员培训费等不得超过项目经费的 15%。督导经费按被督导社会工作从业人员每人每月 350 元的标准,将相关经费统一纳入政府购买社会工作服务项目预算。

另一方面,《若干措施》给出了具有竞争性的薪酬指导价。政府购买社会工作服务整体打包费标准不低于 16.3 万元/(人·年);社会福利、精神卫生等专业性强、职业风险高的社会工作服务项目,整体打包标准不低于 16.9 万元/(人·年)。在不低于上述标准的前提下,各区可根据本区经济社会发展实际自行制定政府购买社会工作服务整体打包标准。

(五)社会工作者队伍发展困境

在社会工作者队伍不断壮大的同时,阻碍我国社会工作者队伍不断发展的显要问题如下:

1. 社会工作机构内部发展支持不足

我国的社会工作机构,是指以"助人自助"为宗旨,遵循专业伦理和运用专业技能,针对特定人群开展困难救助、权益维护、人文关怀、心理疏导、行为矫治、关系调适及资源链接等多种服务的民办非企业单位。社工机构是社会工作专业化和职业化的载体,而社工机构作为一种新兴的社会组织形式,其组织运营以承接政府购买为主要特色,以在不同领域开展专业服务为支撑,从而推动社会工作的发展,惠及不同的服务对象。但我国社工机构的发展以第三方力量嵌入社区发展。传统社区居委会、街道几经变革仍然呈现较强的行政属性。社会工作机构对社区的行政机构既排斥又依赖,既要扮演好专业协助者也要扮演专业服务者的角色。一方面是街道社区居委会掌握行政权力,拥有话语权。我国社会工作发展现处于上升期,还不被政府机关、企事业单位广泛认可。另一方面,部分社会工作组织无法提供独一无二的服务策略解决社区问题,专业性显现不足。在与社区居委会和街道的合作中,常处于弱话语权的劣势处境,在实际的工作中渐次沦为行政依附者,成为社区的下属部门,治理权限受到制约。

2. 社会工作人才流失严重

社工行业人员流动大,难以留住优秀的专业人才,与其保障机制不完善密切相关。社会工作者社会认同度不高、薪酬待遇低、职业晋升难等现实问题导致受过专业教育的社会工作专业人才流失率高。李楠指出:"社会工作者工作报酬普遍较低,并且职业受尊重程度与发达国家相比还有较大差距。"[1]赵蓬奇认为:"新时代社会工作服务面临着职业保障机制不平衡的挑战,社会工作作为一门专业的社会服务职业,需要得到相应的职业保障,需要强化和解决好政府购买服务等保障措施。"[2]可以说,不完备的人才保障机制是社会工作人才流失严重的一个主要原因。在现职岗位的社会工作从业者,普遍面临着薪酬待遇低、职业认同感不强、职业晋升发展渠道不畅等问题,这些问题反映在工作上就是"职业倦怠"。人才保障机制不完善严重影响了社会工作人才队伍的持续稳定发展。

---

[1] 李楠.河北省社会工作人才队伍建设现状分析与对策[J].共产党员(河北),2016(15):42-43.
[2] 赵蓬奇.新时代社会工作的职业发展机遇[J].大社会,2018(4):38-41.

案例1-21：工作压力无法排解，感觉无所适从[①]

2017年12月底，身为宁波鄞州区某社区年轻社工的他选择了离开。"不能否认，待遇是其中一方面原因。"周英杰坦言，他现在的月薪要比原先在社区工作优厚很多。

周英杰当时所在的社区共11名社工。"我当时负责社区的综治，包括安全生产、食品安全、辖区内企业生产等多个内容。"他对记者说，社区开展社工包片连户制，他同时还是250户居民的第一联系人。

上面千条线，下面一根针。社区就是社会的缩影，也讲人情世故，很多工作都要反复做。周英杰对此深有体会："一旦各条线同时发布任务，工作压力明显增加。比如服务保障大型会议，每天早晨6时就要开始走访巡查，一直到晚上8时才收工。"

尽管在社区学习到了很多待人接物的能力和技巧，且在去年6月拿到了社会工作师证书，但周英杰思忖再三，最终辞去了这份曾经无限向往的工作。"有时候工作压力无法排解，感觉无所适从。但离开并不意味着不热爱，有时也是一种无奈。"周英杰对记者说。

在采访中发现，缺乏职业"幸福感"的年轻社工不在少数。对大多数社区社会工作者而言，每天除了要做好专业条线服务，还要面对其他繁杂的社区工作。"忙，心很累""充满无力感""时常受挫折"成为当下年轻社工最常见的从业感受。

"我们15个社工中除了2名协管员，大多身兼数职。"郑思颖拿她自己举例，她不光要负责妇女文教工作，组织开展各种社区活动，作为网格长，她还要在走访中不断进行消防安全检查、垃圾分类宣传等工作。去年夏天，复兴街社区出现了登革热病例。白天翻盆倒罐排查各类积水体、喷洒药物清理卫生死角，晚上走访居民，应对突发情况，24小时"备

[①] 年轻人来了—起走近那些90后社会工作者[EB/OL]. (2018-03-30)[2021-12-20]. http://news.swchina.org/hot/2018/0330/31062.shtml

战"让社工们连续好几周都没好好休息。

3. 社会工作者参与社区权限不足

首先,我国基层社区的社区居民委员会是居民自我管理、自我教育、自我服务的基层群众性自治组织。居民委员会工作人员由社区居民选出的代表投票选举产生,共5~9人。其工作主要任务是开展社区自治性工作及协助政府或派出机构做好各项与居民利益相关的社区工作等。并且居委会作为我国覆盖面积最广的基层群众性自治组织,它更直接而频繁地和社区成员发生联系,直接而迅速地影响着社区居民的日常生活,被称为中国本土的社会工作,当社会工作驻点社区后,社会工作者在开展活动时的身份是社区社会服务补偿者还是"万能使者"呢?

在社会工作专业化、职业化趋势下,我国社工项目的标准化是由政府对社工的技术治理和监督来促进的,但这样面临的风险就是社工机构和政府的管理架构趋同化以及导致社会工作者成为"夹心人"。社工在入驻的社区可能承担大量的非本职工作,逐渐成为社区居委会的工作人员角色且任务不清,即成为社区的"万能使者"。

第一章附录

《社会工作者职业水平评价暂行规定》
(人事部、民政部,2006年)部分内容

第一条 为规范社会工作者职业行为,提高社会工作者专业能力,加强社会工作者队伍建设,根据国家职业资格证书制度的有关规定,制定本规定。

第二条 本规定适用于在社会福利、社会救助、社会慈善、残障康复、

优抚安置、卫生服务、青少年服务、司法矫治等社会服务机构中,从事专门性社会服务工作的专业技术人员。

第三条 国家建立社会工作者职业水平评价制度,纳入全国专业技术人员职业资格证书制度统一规划。

第四条 社会工作者职业水平评价分为助理社会工作师、社会工作师和高级社会工作师三个级别。高级社会工作师职业水平评价办法另行制定。

....

第十一条 助理社会工作师考试报名条件:

(一)取得高中或者中专学历,从事社会工作满4年;

(二)取得社会工作专业大专学历,从事社会工作满2年;

(三)社会工作专业本科应届毕业生;

(四)取得其他专业大专学历,从事社会工作满4年;

(五)取得其他专业本科及以上学历,从事社会工作满2年。

第十二条 社会工作师考试报名条件:

(一)取得高中或者中专学历,并取得助理社会工作师职业水平证书后,从事社会工作满6年;

(二)取得社会工作专业大专学历,从事社会工作满4年;

(三)取得社会工作专业大学本科学历,从事社会工作满3年;

(四)取得社会工作专业硕士学位,从事社会工作满1年;

(五)取得社会工作专业博士学位;

(六)取得其他专业大专及以上学历或学位,其从事社会工作年限相应增加2年。

第十三条 助理社会工作师、社会工作师职业水平考试合格,颁发人事部统一印制、人事部和民政部共同用印的《中华人民共和国社会工作者职业水平证书》。该证书在全国范围有效。

第十四条 凡以不正当手段取得社会工作者职业水平证书的,由发证机关收回证书,2年内不得再次参加社会工作者职业水平考试。

············

第二十七条 本规定自2006年9月1日起施行。

《高级社会工作师评价办法》节选

第一条 为完善社会工作专业人才职业水平评价制度,科学、客观、公正地评价社会工作者的职业能力,加强社会工作者职业化管理与激励保障,根据《关于分类推进人才评价机制改革的指导意见》(中办发〔2018〕6号)和国家职业资格制度有关规定,制定本办法。

············

第八条 取得高级社会工作师资格的人员,应当接受继续教育,定期更新知识,不断提高职业素质与能力。

第九条 高级社会工作师考试实行全国统一大纲、统一命题、统一组织,原则上每年举行一次。

第十条 民政部负责组织专家编写考试大纲,组织命题、审题、阅卷,提出考试合格标准建议。人力资源社会保障部负责组织专家审定考试大纲,会同民政部确定考试合格标准。高级社会工作师考试具体考务工作委托人力资源社会保障部人事考试中心组织实施。

第十一条 考试设《社会工作实务(高级)》科目。主要考察应试者运用社会工作专业理念、理论、方法、技巧及相关法规政策开展服务、管理、督导和研究的综合能力。

考试时间为180分钟,采取闭卷作答的方式进行。

············

第二十二条 高级社会工作师评审工作按照个人申请、单位推荐、资格审核、专家评审的基本程序进行。

············

第二十三条 申请参加高级社会工作师评审的人员应同时符合以下

基本条件：

（一）高级社会工作师考试合格证明在有效期内；

（二）所在单位出具了同意参加高级社会工作师评审的推荐意见；

（三）取得社会工作师资格后，近五年来社会工作从业经历符合以下条件之一：

1. 运用社会工作专业理念和方法，平均每年完成不少于20个直接服务案例，且平均每年从事社会工作专业督导时间不少于75小时。服务案例和专业督导情况应有完整记录。

2. 运用社会工作专业理念和方法，平均每年完成不少于10个直接服务案例，且平均每年从事社会工作专业督导时间不少于150小时。服务案例和专业督导情况应有完整记录。

（四）取得社会工作师资格后，其社会工作业绩和贡献符合以下条件之一：

1. 主持或作为主要参加者，完成3个社会工作服务项目，第三方绩效评价均为优秀。

2. 主持或作为主要参加者完成1项省级及以上或2项地市级社会工作研究课题。

3. 作为主要起草人参与1个省级及以上或2个地市级社会工作政策、标准、工作方案的制定工作，所提出的意见建议被主管部门采纳。

4. 在实践过程中探索形成的社会工作专业方法、模式或案例等，在行业内有较大影响，获得同行广泛认可，具有重要推广使用价值。

第二章

社会工作的价值体系

第一节　社会工作价值体系

一、社会工作价值观

（一）社会工作价值观的历史演变

社会工作是以一定的价值观为基础开展工作的,在专业系统的价值体系未形成之前,中西方国家都在一定的价值理念引领下进行过早期实践活动。早期实践把助人认为是一种施舍,承认被救助者的无能和其自身存在的缺陷。

古埃及《死亡之书》(Book of Death)中的七个怜悯法令,即对饥者、渴者、裸者、囚犯、陌生人、病人和垂死之人进行救济和帮助。古希腊认为幸福是在与他人分享中获得的,富人将自己的财富分给他人是获得幸福的一个有效途径。早期社会工作实践活动与宗教密不可分,犹太教哲学家梅蒙尼兹总结了八个层次的博爱行为,层次越高,提供的帮助越符合被救助者的需求并保护他们的自尊。基督教在宗教改革时提出的一些主张,如"上帝面前人人平等"的思想,强调每个人都是平等独立的;"博爱"思想,人要爱自己的邻人、爱陌生人,人应该按照需求而接受服务,并非依照其应得什么来接受。这些思想对以后专业的社会工作价值产生了直接的影响。

《死亡之书》译文节选

当死者到达审判的大厅为求赦免所犯的罪行以及面对神明时所说的话:你好!伟大的神!正义之主!我来到你面前,我带来正义,我为你驱走诡诈。我没有对人行恶;我没有虐待牲畜;我没有在神圣之处犯过错;我没有知道那不该知道的事;我没有对穷人行凶;我没有行神所恶之事;我没有使人哭泣……

中国古代思想家的思想与当今社会工作的一些价值理念有相似之处,封建社会统治者为了更好地维护自己的统治地位和社会安稳发展,也进行过一些社会救助性质的活动。春秋战国百家争鸣时期,以儒家为代表的先哲们提出了"大同世界"和"仁者爱人";墨家提出"兼爱"思想,鼓励人要帮助他人,才能使"饥者得食,寒者得衣,乱者得治";法家"实利"思想主张调节贫富悬殊,实行"九惠之教";道家"无为而治"强调人要顺应自然,尊重生命,主张个性自由。在隋唐时期,李世民体恤鳏寡孤独,建社仓,乡村普遍设立义仓,储备粮食救济饥荒;中国历史上的民间慈善活动主张互助仁慈,尊老爱幼,帮助穷人。

案例2-1:清代民间慈善机构救助活动[①]

清代的民间慈善机构救助主要分为无偿的救助和有偿的救助。前者主要是通过民间建立的各种善堂、善会来进行的,后者主要是通过民办官管的"社仓"和"义仓"来实施的。善堂、善会是民间捐办的一种慈善组织,早在乾隆年间之前就已经存在,但是,其数量较小,其财力、物力非常有限。从乾隆朝开始,这种情况大有改观,而且,越是商品经济较为发达、人口较为集中、文化发展水平较高的地区,民间慈善组织创办得就越多。虽然也存在综合性的慈善组织,但更多的是专门性的,如有救助鳏寡孤独老残疾者的养济院,有救助贞女节妇的恤嫠堂、清节堂,有收养弃婴的育婴堂、恤孤局,有救助流浪者的栖留所,有救助无钱就医病人的施药局,还有粥厂等慈善组织。这些民间慈善组织在城乡都有存在,不间断地对贫困者进行救助,在寒冬季节则会加大收容的力

---

① 彭定光,彭军,胡丽明.论清代民间慈善活动的三种类型[J].中南林业科技大学学报(社会科学版),2010,4(4):20-22.

度。其救助对象并非限于当地的男女老少,具有广泛性;其救助的内容包括人的生老病死各个方面。

(二) 社会工作专业价值观的概念

1. 中美社会工作专业价值观

《美国社会工作者协会伦理守则》修订委员会主席卢曼认为社会工作价值观之所以独特并不在于它与其他领域价值观的区别有多大,而在于社会工作为了实现专业使命和目标,从中挑选出一组符合专业特性的价值,以之作为实践的前提和依据。我国学者李迎生认为社会工作价值不是别的,它是社会工作专业或社会工作者基于社会公平、平等、和谐、公正的理想和人类基本需求的满足等奉行的一套基本理念、态度及行为准则的总称[①]。专业价值观就是一整套指导专业行为和认知活动的思想、观念和基本原则,在专业价值观的发展历程中,既受到社会传统观念影响,也受科学技术本身发展及社会变迁等因素的影响。也有学者认为社会工作价值观是在专业或职业范围内形成和发展起来的一整套对人、对事和对专业等的总体判断和核心理念,它对树立专业使命、规范专业行为和保护服务对象的利益发挥着重要的作用[②]。

2. 国际社会工作认同的专业价值观

20世纪上半叶,随着三大方法的逐步形成,专业社会工作得以确立并发展,宗教价值让位于以科学和知识为基础的专业价值。社会工作价值观历来是一个备受争议的话题,各个国家的社会工作价值观均存在着不同之处。社会工作专业发展比较早且完整的美国社会工作者协会(NASW)把社会工作价值定义为:提供服务,追求社会公正,注重个人尊严与价值,重视人际关系的重要性,正直,能力。"服务"指社会工作者应当超越个人利益为他人提供专业服务;"社会公正"指社会工作者要追求

---

① 李迎生.社会工作概论[M].2版.北京:中国人民大学出版社,2010:391-392.
② 社会工作者职业水平考试应试指导编写组.社会工作综合能力(中级)[M].北京:中国商务出版社,2018:32.

社会变革促进社会公正;"个人尊严与价值"指社会工作者要对每个人给予关爱和尊重,意识到个体之间的差异和文化的不同以及种族的多元性;"人际关系"是一个人问题解决和自我发展的重要因素,社会工作者和案主要意识到人际关系的重要性;"正直"指社会工作者要始终意识到专业的使命、价值观、伦理原则和标准;"能力"指社会工作者要不断增进自己的专业知识和技能,为案主提供更好的服务,而这也是国际社会工作界认同的专业价值观。

鉴于此,本书综合了各学者的观点提炼出了一个相对全面、完整的社会工作价值观的概念界定:社会工作专业价值观,是社会工作实践的向导,是具有社会工作专业特性的,社会工作者致力于追求人的尊严与价值以及社会正义而需要长期遵循的,一套用来指导实务活动的原则理念。

案例2-2:社会工作价值的应用——阳光妈妈支持小组[①]

近年来,随着离婚率的逐年攀升,单亲母亲的数量也在不断增加,贫困单亲母亲成为社会大家庭中值得关注的特殊群体。帮助一个单亲母亲,就是救助一个家庭,就是稳定一方社会,具有十分重要的现实意义。本着以人为本的价值理念,睦邻中心策划组织了"阳光妈妈支持小组"活动,运用社会工作的理念和方法,回应贫困单亲母亲的需求。小组活动以优势视角等为理论依据,认为每个人、小组、家庭和社区都有优点,都有他们的内在和外在资源;创伤可能是伤害,但它们也可能成为挑战与机遇。虽然贫困单亲母亲面临了很多的困难,但是在每位妈妈身上,都具备这样或那样的特点,如坚韧、能吃苦、关心照顾他人等。然而很多时候,她们都没有注意到自己的这些优点,而是特别强调自己的弱点。

---

① 该案例引自南京市同仁社工事务所"苏馨港湾"项目南京市贫困单亲家庭综合支持项目。

每次小组活动中,社会工作者尊重成员的想法和自我决定。第一次小组活动中,小组领导者引导组员对小组主题、开展时间和频率展开了共同讨论并确定,制定了小组规则。后续活动中通过相互认识、回应普遍性的需求、分享彼此的经验、传递正能量等环节,构建单亲妈妈的交流互动平台,增强单亲妈妈面对困难的信心以及能力。

(三)社会工作价值观操作原则

1. 接纳

接纳是社会工作者开展一切工作的前提,主要指从内心接纳服务对象,对服务对象的性别、年龄、职业、习惯、价值理念、民族、社会地位等没有任何的偏见和歧视,不带着有色眼镜去看待服务对象,不给他们贴标签,更不能因为以上原因违背社会工作价值伦理拒绝为服务对象提供帮助和服务。此外,这里的接纳并不等同于赞成或认同,人与人之间的价值、信念、习惯、生理、心理均不同,在面对服务对象不同的价值理念时,社会工作者秉持包容、不做出不符合伦理的举动即可,并不是要求社会工作者要认同服务对象的一切,这也是社会工作者和服务对象建立良好的专业关系的重要因素。

案例2-3:禁毒个案工作中的接纳[①]

案主新哥年轻时误交损友,不幸染上毒瘾,吸食海洛因至今超过10年,多次被公安机关行政拘留、强制隔离戒毒和社区戒毒,其间犯盗窃罪和抢劫罪被分别判刑。由于自身条件不符,无法取得当地低保资格,引发其对与之相关的部门产生不满和对抗情绪,从而消极对待甚至不配合戒毒工作。后因吸食毒品被公安机构查获,案主再次被责令社区戒毒,同时就年前曾犯下的贩卖毒品罪,被判有期徒刑六个月,缓刑一年,后接

---

① 林杰生.尊重和接纳是走出阴霾,步向阳光的重要基石[Z].社工观察微信公众号,2020-08-19.

受社区矫正。接连的重大变故，使案主的情绪波动较大，对抗行为越发突显。

社工经过与案主面谈及向街道、社区等搜集资料后评估，分析其存在缺乏照顾和健康及安全问题、复吸和对抗行为问题及情绪困扰问题等。根据案主上述问题社会工作者制定了服务目标。长期的严格管控和接连的重大变故，使案主产生较强的自我防护机制，回避甚至抗拒他人，因此社工秉持包容接纳的原则，与案主建立互信关系。当正式面谈时，社工以其军旅生涯为切入点，陪伴案主一起回顾曾经引以为傲的点滴经历，使其感受到包容和接纳，获得尊重和肯定，双方建立一定的互信基础。同时运用同理、支持和倾听的技巧让案主尽情地释放和倾诉，案主逐步卸下防备心理，认同和接受社工的介入。当面谈次数和信任度不断增加后，案主便愿意讲述过往经历及自身感受，主动提出自己面临并希望得到解决的问题。

随着服务的不断开展，案主精神面貌、身体健康逐步提升；改变其从前不良行为习惯，有效降低复吸率，增强案主戒断毒品的信心，巩固戒毒成效；随着自身状况的改善和对监管工作的适应，失落、焦虑和对抗情绪也得到了有效改善。

2. 个别化

王思斌在《社会工作概论》中认为：个别化是一种分别逐一对待的方法。它体现了传统的社会工作价值，把每一个人看作唯一的、不同的实体，理应受到不同的对待。每个人都是不同的，个体的生理、心理、人际关系、生活的社会场所等都是不同的。社会工作者在面对服务对象时要认识到其个体差异，提供具体的服务过程中要尊重他们的个性化需求和发展，不能用惯性思维去提前假设服务对象的问题和需要。在个案服务中尤其要强调个别化原则，工作者要从服务对象自身出发，深入了解他们的个别化背景、问题的个别性，这样才能让服务对象感受到工作者对他们的关注，认为自己是有人关心的。

案例2-4:精准扶贫中个别化原则运用——以陕南F村为例[①]

陕南地区位处秦巴山区,被纳入扶贫攻坚规划中国家集中连片特殊困难地区之一,其处于地质灾害多发段,生态脆弱,山大沟深的地理位置也是造成贫困程度深的重要原因。在国家和政府的高度重视下,秦巴山区面临挑战与机遇,F村有着先天的地理劣势,也蕴含着其特有的资源优势。经调查F村具有以下特点:地势偏远,山高陡峭;年轻人口外流明显,"三留守"群体滞留;生活环境参差不齐,各项政策逐步完善;产业发展特色化,文化建设多元化。

社会工作个别化应用到扶贫工作可以更好地体现精准化,在F村就得到了很好的体现。(1)精准识别阶段:个别化导向界定"真贫"需求。个别化注入对象识别,个别化深化程度识别,个别化助力需求识别。(2)精准帮扶阶段:个别化方式活化扶贫举措。个别化丰富扶贫手段和资源;个别化贴近真实诉求,如低保户陈某丈夫患有脑梗7年,瘫痪在床,儿子患有先天性心脏病,家中有土地6亩,房屋倒塌,借住在姐姐的山上老房子里。据陈某口述,在医治儿子的先天性心脏病过程中,村委会募集到7 000元筹款并全部送到自己手中,与省红十字会联系,解决了大部分的医疗费用,为其申请了低保户,并通过各种不定期的探望和资金扶持进行帮扶,自己的儿子在康复后也享受了免费义务教育政策和"两免一补"的政策照顾。(3)精准管理阶段:个别化追踪助力管理机制。个别化促建长效机制,个别化协谐干群关系,个别化解决"权力贫困"。(4)精准考核阶段:个别化反馈创新评估体系。个别化原则打破常规考核,个别化注重多维评估,个别化构筑科学反馈机制。

[①] 黄雯娇,郭占锋.个别化原则在精准扶贫中的运用研究:以陕南F村为例[J].社会工作与管理,2019,19(1):35-45.

3. 保密

在服务的过程中,社会工作十分强调保密,因为每个人都有自己的隐私,每个人都希望自己的隐私不要被别人知晓。不论是主动前来抑或是通过其他途径前来寻求帮助的服务对象,他们基本都有自己不愿意让第三方知晓的信息。在工作初期服务对象与社会工作者并未建立良好且稳定的专业关系时,他们很难将自己的各种信息透露给社会工作者,这时社会工作者要向其说明在未得到当事人同意的情况下,自己不得向第三方透露涉及服务对象个人身份资料和其他可能危害服务对象权益的隐私信息。在特别情况下,也要尽量有限度地采取相关保护措施,如应告知服务对象在当事人的生命处在危险的边缘,问题涉及刑事案件,有犯罪意向会危及自身、他人和社会时,心理失常时等情况下保密原则具有相对性。保密原则在服务过程中有着举足轻重的作用,不仅可以让服务对象放下戒备心理,建立良好关系,也能够让服务过程顺利进行。

案例2-5:婚暴案的保密问题[①]

兰希,一名从事心理辅导和治疗的临床社会工作者,受雇于一家妇女庇护中心,该中心为被丈夫或伴侣殴打的妇女提供暂时的居所、心理辅导与咨询服务。该中心有一名受助对象叫马丽,45岁,刚刚入住三天,但这已经是她两个月来第三次留在中心居住了。在最近的一次殴打事件中,马丽的下巴被打脱落,食欲不振,经常失眠,看到酒瓶就会惊恐,身心都受到了严重的伤害。当兰希进一步问及马丽对婚姻关系的想法时,马丽告诉兰希,离开丈夫是她迫不得已的事情,因为他反复无常、难以相处。另外,马丽在一次心理辅导的过程中,向兰希道出了一个秘密,在过去的三年里,马丽一直在用假名进行福利欺骗,用不同的名字获得了政府用支票支付的公共援助。马丽的真实想法是,一旦存够了钱,她

[①] 袁芮.社会工作介入婚姻暴力中的伦理议题:以案主自决和保密原则为例[J].伦理学研究,2016(3):104-110.

就可以和子女搬出去，远离自己的丈夫。

本案例中涉及是否要为案主保守福利欺骗的秘密。社会工作者最妥当的解决方法便是在受助者、专业人员、专业机构、法律系统的利益冲突之间取得一种平衡。通过利弊分析，揭露马丽行为可能将其陷入被孤立的境地，而对公共利益损失的弥补也只是象征性的，然而马丽及其家庭要承受的经济负担却是毁灭性的，不揭露真相是较好的权宜之计，然而选择不揭露并不意味着纵容马丽的违法行为。兰希应提供以下专业服务：向其呈现"福利欺骗"的完整图像，分析利弊澄清思想误区，制止她继续欺骗；提供备选方案，整合社会资源（例如通过正当手段获取公共援助），促使其另谋生路。

4. 非评判

社会工作专业主要做事实判断，而非价值判断。虽然在实践的过程中注重价值导向，但这里的价值指的是专业价值，要求工作者不能将自己的价值理念强加于服务对象，对服务对象自身及所带来的问题不能加以指责和做出带有明显评判色彩的评价。这就要求社会工作者对服务对象的生活习惯和行事风格、价值观及做出的选择给予尊重，尽可能采取价值中立的态度，更不能将自己的负面情绪发泄到服务对象的身上。

5. 自我决定

社会工作是一门注重服务对象自我改变和成长的专业，服务宗旨是"助人自助"。在服务过程中应尽量让服务对象进行自我决定，社会工作者须向服务对象提供各种必要的信息，在其充分知情的前提下，在对自己问题的解决方式、服务内容等决策中扮演主要决策者。特殊情况下除非万不得已，如服务对象缺乏自我决定的能力，此时社会工作者要根据相关规定由他人代其做出决定，且这个决定是最符合案主利益的，但要避免社会工作者以案主自决为由而产生的不负责行为。

案例2-6:遭受家暴的克里斯托太太——自我决定原则[①]

玛丽亚·克里斯托一星期前来到妇女庇护所,她眼眶乌青,手臂骨折,还有几处其他的擦伤,这是两年中克里斯托太太第四次离开丈夫待在庇护所。克里斯托太太讲到过克里斯托先生曾参加了一个施暴者治疗项目,但治疗没有取得成效。克里斯托太太说想要回家,要再回到丈夫身边。她说女人的位置就是要嫁鸡随鸡,嫁狗随狗。社会工作者不同意她的说法,认为如果克里斯托太太回到丈夫身边,她丈夫的暴力行为很可能会继续。根据克里斯托太太的实际情况进行评估后工作者认为若让她回去可能会再一次遭受暴力行为。

然而,在社工实务中,案主有自行选择和决定的权利,社会工作者应尽可能尊重案主自我决定。但在克里斯托太太自决之时,社会工作者应提醒其重视自我生命安全以及分析回家的可能后果。假设她仍是决定回家,那么社工需要表达尊重,确切地阐明立场地位,让克里斯托太太意识到回家的潜在危机。同时,充分准备周全的应对预案,特殊情况下让公安部门协助保障克里斯托太太的人身安全;联动司法、妇联等相关部门形成权益保障机制,最大限度地保护克里斯托太太的人身权益不受伤害。此外,如果克里斯托太太坚持回家居住,社工应搭建其社会支持网络,及时有效地反映其家庭的状况并力所能及地提供恰当服务,使其恢复和发展社会功能。

二、西方社会工作价值体系

(一)西方社会工作价值的基础

目前世界各国所公认的,对西方社会工作价值观有着重要且直接影

[①] 刘原平.案主自决在社工实务中的伦理困境:以家庭暴力为例[J].中国市场,2017(18):281-282.

响的社会思潮和理念主要有新教伦理、人道主义以及社会福利观念。

1. 新教伦理

基督教在西方社会中世纪处于顶端位置,对人们的生活、心理有着潜移默化的影响。首先,宗教改革中诞生的"新教"对人-神关系进行了重新定义,主张人与人之间是平等的,每个人都可以和上帝直接对话、祈祷和忏悔,这从思想上直接改变了人们的等级观念,宣扬了个体之间的平等自由。其次,新教伦理的以下假设也对社会工作价值产生了重要影响。即个人要对自己负责、个人可以通过行动来克服人性之恶;人的目的是通过艰苦工作来实现物质繁荣;社会的主要目的是提供法律与秩序;对失败的人有必要进行帮助,以促使其自强;精神奖励固然不可或缺,但物质奖励同样很重要。这些都强调了个体的能动性、自我负责和助人观念,与社会工作专业价值密不可分。

2. 人道主义

人道主义,也称"人文主义""人本主义",中世纪尤其是文艺复兴之后,人道主义思潮在欧洲得到广泛传播,深入每个人的思想。人道主义的实质是反对神学和神权,提倡人学和人权。人道主义是以人为中心,把人的权利、价值和尊严放在首位的哲学价值理念。根据它的组成部分,狭义上的人道主义主要讲的是伦理上的人道主义,即承认人与生俱来的各种权利,包括生存权、发展权,以及经济、政治、文化、社会和公民的种种权利。人道主义的价值理念在社会工作专业价值理念发展的过程中成为直接来源之一。

3. 社会福利观念

社会工作就是社会福利的"传输体系"。社会福利思想是诸多条件下的产物,伴随着工业革命引起的纷繁复杂的社会问题,资本主义国家试图用社会福利政策的建设来应对各种社会问题,于是各种福利观念层出不穷,社会福利也不断提升,这是其产生的最直接的原因。宗教、社会改革和福利运动也是促使社会福利观念产生的重要原因。1601年英国出台的《伊丽莎白济贫法》是第一部以国家名义出台的社会保障较为完备的法案,强调了政府对穷人的责任,此后社会福利从"补残式"逐渐向"普惠式"发展,人们越来越认识到社会、市场等非个人因素导致的贫困和弱势,这对社会工作价值理念的专业化产生了极大的推动。

(二)西方社会工作的价值体系

西方社会工作价值体系是一个复杂庞大的系统,不同的学者曾提出过不同的价值理念,大致可以分为三种取向。第一种是从个人角度出发,代表人物是泰彻和列维的部分价值理念;第二种取向是社会角度,代表人物是戈登;第三种是以上两者相结合,代表人物有比斯台克和柏伊姆。但由于西方社会以个人主义取向为主,不论是以上哪种角度,最终的落脚点和回归点都是在个人而非社会。以下是西方部分代表人物提出的社会工作价值观的内容。

泰彻对于社会工作价值体系的阐述:(1)每个人都有作为个人的尊严和价值;(2)每个人都应受到尊敬和得到周到的对待;(3)每个人都应参与影响自身的决策;(4)每个人都应自由发展自己的能力和天赋;(5)每个人都应公平地分享对物品和食物的控制;(6)对实现理性行为所需的信息,每个人都应具有完全和自由获得的权利。我们可以看到泰彻提出的价值体系中一直在强调个人,体现了西方个人主义思想,但这也是每个民主国家对个体人权应有的尊重。

戈登对于社会工作价值体系的阐述:(1)个人应受到社会的关怀;(2)个人与社会是相互依赖的;(3)每个人都对他人负有社会责任;(4)个人的需要既有与他人共同的一面,也有不同的一面;(5)在一个民主社会里,个人的潜能应得到充分的发挥,同时个人也能通过社会参与而尽到社会责任;(6)社会有责任消除个人自我实现的障碍,帮助其自我实现。戈登的价值体系都涉及社会应该怎样,有很明显的社会性色彩。

比斯台克对于社会工作价值体系的阐述:(1)人的潜能不同,社会工作者要尊重每个人的尊严价值,充分注重和发挥个人潜能;(2)人的内在动力和责任与生俱来,可以帮助其发挥潜能,实现社会功能,完成自我实现;(3)人有选择的权利来完成自我实现;(4)所有人都有基本的人性需要,社会要提供机会并保护个人的和谐成长与基本需要的满足;(5)社会工作者要促进个体社会功能的发挥,这对自我实现非常重要;(6)社会有责任建立和维持公正、和平和秩序,并且创造与自我实现有关的条件和资源,帮助个人自我实现;(7)社会的发展繁荣是个人参与的结果,社会有权利要求每个人能人尽其力,社会工作可起促进作用;(8)每个人在自我实现的过程中都有义务对社会公益做出贡献,社会工作的任务在于促进案主身心健康,使其对社会有贡献;(9)人有自我抉择的权利,这是培养责任、促进成长和实现自我的必要途径。比斯台克从个人和社会角度两个方面做出了阐述,它比以上两个体系对人价值的描述更为详细具体,认为人在生理、智力、情感、社会、审美和精神方面都具有天赋、潜能;它的表达更符合社会工作的价值理念,在现代社会中发挥着重要的作用,如"自我抉择""个别化"等被直接提出来。

柏伊姆对于社会工作价值体系的阐述:(1)每个人都有权利实现自我成就;(2)每个人有义务寻求自我成就的方法,以便贡献社会;(3)社会有义务协助个人发挥潜能,也有权利去利用其成员的贡献;(4)每个人必须协调和发展社会给予的力量和机会;(5)专业化的组织能有效帮助人达到自我实现;(6)社会组织必须满足社会成员不同的需要。

三、社会工作价值的矛盾与争论

(一)中国传统文化与社会工作价值观的冲突

社会工作专业来自西方,并在一百多年的历史长河中得到了快速的发展。在专业引进的过程中我们一直强调社会工作的专业性,专业的价值观,专业的方法、技术等。而我们在不断探索的道路上又提倡本土化,但有人质疑在本土化的过程中过多地融入了传统的理念和价值,而这些与专业价值观不符甚至违背专业价值观,其中包括的主要矛盾就是个人主义和集体主义、独立的个人和关系中的个人等。

中国古代人奉行"家国一体",在面对多数人的危难处境时大义凛然。当今时代我们在摒弃封建糟粕文化的基础上保留了优秀传统思想,与西方国家的个人主义不同,我们是一个注重集体主义的社会主义国家,集体大于个人,集体利益优先于个人利益。在社会工作价值理念下服务对象的利益大于一切,如何平衡集体利益和服务对象的利益一直是我们争论的焦点。此外,我国是一个注重人情的社会,人与人之间的关系尤其亲属之间、熟人之间等,在日常生活中、工作中……几乎任何场所,人情都发挥着重要的作用,而在社会工作专业价值理念中强调建立良好的专业关系,且专业关系在服务的过程中起着重要作用,这种关系并非我们传统社会中认为的人与人之间的交情,这是一种为了更好地帮助服务对象解决问题、满足需要,促进服务对象成长的专业关系。西方社会在处理人情关系时强调独立的个体,以个人主义为出发点,因此在社会工作价值中就会出现中国传统文化与专业社会工作价值的矛盾现象。

案例2-7:价值之争——独立个人和关系中的个人间的矛盾[①]

D市H机构与政府合办"温情夕阳——居家养老服务项目",依托社区服务和信息网络,让老年人在熟悉的社区中得到良好照顾。老人按不同经济和身体条件可无偿或有偿享受社区所提供的居家养老服务,其中低保家庭中的老人可以无偿享受服务。

L社工的服务对象是张大爷一家,夫妻俩育有一儿一女,女儿天生残疾完全不能自理,张大爷也在几年前因事故致残,张大妈成为家庭的主要支柱和照顾者。张大爷觉得L社工往来奔波辛苦便每次都留L社

---

① 钱汉卿.实务个案中的伦理困境与探析:以H机构服务个案为例[J].法制与社会,2021(2):22-23.

工吃饭,起初L社工有所拒绝,但后来张大爷以"不吃就是嫌弃我们家的饭菜""以后不用你给我们家服务"等理由相威胁,L社工只得妥协。张大爷一家原本有低保补贴,但是去年因为家中儿子参加了工作便被取消低保资格,连带着该家庭也不再属于社工机构的服务范围。此时机构要求L社工去跟该家庭沟通,通知其退出服务项目。L社工心里难过又沉重,服务过程中他觉得该家庭十分艰难,不忍心让这个原本就困难的家庭退出服务。

人情社会里,给予与回报交替出现。案例中,L社工与张大爷一家本该是服务与被服务的专业关系,但是张大爷觉得自己欠了L社工的"人情"要还回去的。L社工的出发点是案主,其本意是尊重案主,不愿让案主放弃,可就在这样的摇摆之间,L社工缺少了对双重关系的敏锐性和警觉性,在服务的过程中对张大爷一家投入了过多的情感,陷入了案主的情绪之中,如此一来,专业关系的界限逐渐模糊。人是具有主观能动性的生物,很容易在密切相处中陷入一种亲密情感的旋涡,即使是受过专业训练的社会工作者也一样,再正确的理论也不可能完全束缚人的感情,因此社会工作者在服务过程中总是不可避免地要去面对这种矛盾。但我们可以采取行动将伤害降到最低甚至是没有伤害。

(二)社会工作专业价值观与社会工作者个人价值的矛盾

从哲学的角度来讲,价值不属于实体的范畴,而是一个关系的范畴。价值是表示在人类社会实践中主客体之间相互依存的对象性关系,价值具有属人的特征,即价值总是要表现出主体人的意愿、需要和一定的目的性。社会工作者主要从事人的工作,在与人互动的过程中个人价值观必然会有意无意地渗透到服务中。同时,随着社会工作专业不断发展,成为一门被社会认可的专业就必须注重专业化,因此社会工作逐渐形成了专业价值理念,在为服务对象提供服务的过程中可能会出现专业价值理念和社会工作者个人价值之间的冲突,这不仅会对社会工作者造成心理上的压力和迷惑,也可能会给服务对象带来不良影响,影响服务效果。

价值理念之间的冲突与矛盾不可避免,当专业价值观和社会工作者个人之间的价值理念出现不一致时,社会工作者应该优先考虑遵循社会工作专业价值观。但也要意识到以下几点:专业价值观过于理想化的特征容易导致社会工作者陷入价值冲突,长此以往会对专业价值观产生落差感和疑虑;需要协调专业价值观的高度抽象性与实务过程中的具体处境,社会工作专业价值强调尊重、接纳、案主自决等,在具体实务过程中如何体现这些价值理念,不同情境下对不同服务对象都有不同的体现,社会工作者自己的价值观可能会与专业价值观出现冲突。

案例2-8:社会工作者个人价值和专业价值观的冲突[①]

49岁的陈先生曾是一个很有头脑的生意人,20世纪80年代便弃工从商,包过长途汽车路线经营、运输工程用料、经营娱乐场所等,挣了不少钱,但由于交友不慎恶习颇多。十年前受人诱导在中缅边界参与赌博并在家人不知情的情况下吸毒,将钱财挥霍殆尽并深陷其中。在此期间他多次向家人索要钱财,妻子刘女士(退养工人)救夫心切,每次都汇款,并向娘家人借了好几万,甚至向还在上高中的女儿要钱,看到陈先生毫无改变大家也都不再帮他,但刘女士一直没有放弃。陈先生戒毒期间几次复吸,在亲朋的帮助下找到了一份工作,甚至有了一些积蓄,工作后两年刘女士和女儿发现陈先生又在吸毒,因为没钱闹得家里不得安宁,还动手打过刘女士,但刘女士因为顾及面子和女儿一直隐忍下来。半年前因以权谋私陈先生失去了工作,加之吸毒未戒除,刘女士疲惫不堪,但还是下不了决心离婚。在这十年中,无论遇到何种情况,刘女士都没有向警察求助,也不愿向外人诉说,女儿小华也从未向朋友和同学提及此事,亲戚之间也讳莫如深。

从原则上说,社会工作者应当遵循、认同社会工作专业价值,使个人

[①] 社会工作价值困境案例[EB/OL].[2021-03-22]. https://wenku.baidu.com/view/63fd22440b1c59eef8c7b4fd.html.

价值遵从专业价值,并按照社会工作专业价值的要求为案主提供服务,保持价值中立的态度,这样才能理性地分析问题,更好地理解案主的困难并提出服务方案。然而在实务过程中,社会工作者不仅受专业价值观的指导,也会受所处的社会环境、经济状况、个人的文化教育程度、年龄、宗教信仰、个人素质等多维度影响。在本案例中,我们看到陈先生也是受害者,但他在家庭中始终是一个强势的角色,他的一次又一次欺骗、复吸,很容易让社会工作者在同情弱者的心理下将价值天平倾向刘女士,甚至在一种激进的状态下促使刘女士做一些为扩大刘女士自身权益而侵害陈先生权利的行为,而一旦做出此种行为,必然受到专业价值观的挑战。

第二节　中国社会工作价值基础及建构

一、我国社会工作的价值基础

（一）我国社会工作价值的历史源泉

1. 中国传统文化对社会工作价值观的影响

中国传统文化是以儒家文化为核心的多元文化综合体,其十分重视家庭和集体的作用,中国人个人的力量是依附于原始人际关系和血缘关系基础之上的,是一种差序格局[①]。

中国的社会工作价值观强调社会和谐,个人的价值和尊严应当建立于人们共同发展过程中的平等尊重、相互支持的基础上,应体现于密切的社会关系之中。基于我国文化传统和社会政治制度,相对于西方社会

---

① 费孝通. 乡土中国[M]. 北京:北京大学出版社,1998.

对个人尊严自由的推崇,我们应该更加强调社会和谐,并且它是以整体为主体,强调整体的重要性;此外,保持家庭和谐与稳定依然是我们社会的主流家庭观念,西方文化注重个人自由,我国传统文化和现实的社会生活比较注重家庭的价值。因此,相较于西方强调人们的个人尊严和权利,我国应更加强调家庭成员之间的彼此宽容、相互支持和相互依赖,还要注重服务的"人情味"。[①]

在儒家学说中,"仁"被赋予了思想的核心地位,在儒家文化的发展过程中,"仁"的理念被历代统治者认同并被推崇为治理国家的指导思想。从孟子的"老吾老以及人之老"到范仲淹的"先天下之忧而忧,后天下之乐而乐",其中都蕴含着儒家的"仁义"思想,充斥着浓厚的"爱人"和"助人"理念。因此,在此意义上,我们认为,"爱人""助人"不仅是西方社会工作价值原则的精髓,也是中国传统文化的精髓。这种文化上的共通性,构成了我们发展中国社会工作的基础[②]。

2. 中国古代社会福利思想对社会工作价值观的影响

在中国社会里,社会福利思想和制度对社会工作价值观的影响也十分明显。民间慈善强调互助仁慈,推崇尊老爱幼、扶贫济困。历代统治者都不同程度地强调推行仁政的重要性,各朝代都会在特定情形下为民众提供有限的救济。这样的福利思想一直存在于我们的社会中,为形成社会工作价值观打下了思想基础。[③]

(二) 我国社会工作价值的现实基础

1. 社会主义人道主义

社会主义人道主义是在批判继承资产阶级人道主义基础上形成的。社会主义人道主义与资产阶级人道主义存在实质性的区别。社会主义

---

① 杨林.儒家思想与社会工作价值观的本土化[J].商,2015(51):64.
② 林磊.论本土化社会工作价值体系的建构[J].河北青年管理干部学院报,2013,25(1):36-40.
③ 李迎生.社会工作概论[M].2版.北京:中国人民大学出版社,2010.

人道主义不仅适用于广大劳苦人民,同时也适用于资产阶级等有产阶级成员。在我国改革开放新时期,社会主义人道主义实际上已经涉及全体社会成员。作为这种人道主义代表者的无产阶级不仅要解放自己,还要解放全人类;通过解放全人类,以实现自身的彻底解放。这样,在社会主义人道主义基础上构建起来的社会工作价值必然是和西方社会工作价值既有联系又有区别的。

2. 中国社会主义社会福利(保障)制度的形成与发展

(1) 1949年新中国成立后,我国实施了计划经济模式,同时在社会福利方面也形成城乡二元体制。在城镇建立了以就业为基础的单位社会福利制度,而在农村则实行以集体经济为基础的有限的社会保护机制。

(2) 1978年农村实行家庭联产承包责任制,农民及其家庭的经济活力得到提高,农村居民的家庭收入也相应得到增加,但随后,农村剩余劳动力开始大量向城镇转移,人口的大规模流动对城市就业和社会管理等提出了新的课题,也对既有的民政福利体制提出了挑战。

(3) 20世纪90年代以来,中国加快了市场经济改革的进程,社会保障制度有了相应改革,社会福利的发展也呈现多元化的局面。受政府推动社会福利体制改革和社会(市场)需要的双重影响,"社会福利社会化"成为20世纪90年代以来政府发展社会福利的主要政策纲领。

(4) 进入21世纪以来,中国政府进一步加快了完善市场经济、法律和社会管理制度的改革进程,提出经济与社会协调发展的科学发展观。尤其是新一届国家领导人上任以来,政府积极强调并努力推行"以人为本"的政府行政管理和社会公共服务体制,强调要关注人民生活,注重解决与人民生活相关的实际问题,在解决城市贫困、改善公共服务模式和促进就业发展等方面,制定了一系列积极的干预政策。

(5) 中国社会保障或社会政策的发展模式仍将以经济发展为核心,但是与以往不同的是,目前的社会政策领域改革的优先性更加明显(如医疗改革与养老保障改革等),在政策实践方面表现出更加积极和人本的一面。

3. 社会主义核心价值体系与社会工作价值观

中共十七大报告指出,社会主义核心价值体系是社会主义意识形态的本质体现。它的基本内容包括:马克思主义的指导思想、中国特色社会主义的共同理想、以爱国主义为核心的民族精神和以改革创新为核心的时代精神、社会主义荣辱观。

社会主义中国的社会工作实践可以划分为两个阶段:(1)新中国成立初期到改革开放前(1949—1978年);(2)改革开放至目前(1978年至今)。新中国成立初期至改革开放以前,专业社会工作在中国被认为是资本主义的"尾巴",当时认为,在社会主义社会不需要开展社会工作,致使社会学及其相关学科被取缔,严重地减缓了中国社会的发展以及社会工作的发展。即便如此,并不意味着这一时期社会工作在中国被彻底封杀,相反,在社会主义建设中,"为人民服务"这一工作宗旨为社会主义社会工作奠定了价值基础。改革开放以来,随着社会学的恢复和重建,社会工作迎来了发展的春天。这一时期,社会工作一方面注重引进西方的先进做法,另一方面努力地实现自身的本土化和专业化,社会工作实践受到了"三个代表"重要思想、"以人为本"以及"构建社会主义和谐社会"等思想的引导。

社会主义核心价值体系中关于社会工作的价值可以分为两个方面。一方面是关于人的价值。典型的观点来自马克思的历史唯物主义,"人民群众是历史的创造者",应该说,"人民主体论"是社会主义核心价值体系的一个基础。另一方面是关于社会工作职业的价值。可以直接从中国共产党的宗旨中找到,"全心全意为人民服务",始终代表最广大人民的根本利益。如此种种,都表现出了"集体主义"与"人本主义"的观点[①]。

---

① 裴敏超.论中国社会工作价值观的"社会主义化"[J].攀登,2011,30(2):34-39.

二、社会工作价值观的本土化

(一) 我国的社会工作价值观

1. 以人为本,回应需要

社会工作本来就是一个帮助他人解决问题、协调人与环境之间关系的专业活动,它非常关注人的问题和真正需求。因此,社会工作者应该坚持以人为本、回应需要的原则,在服务过程中,以谦和真诚的态度,时刻关注服务对象的问题和需求,给予及时的回应,通过专业的服务来满足服务对象的需求。

案例 2-9:花甲之年的生命之光——刑满释放人员帮扶个案[①]

李叔,现年 65 岁。20 多岁的时候年轻气盛,冲动好胜,为了朋友义气,参与朋友打架斗殴事件,失手造成他人死亡,被判无期徒刑,所有的财产也都赔偿给了被害方。监狱高墙之内的时间,李叔为自己的莽撞冲动行为懊恼,但于事无补,必须接受法律的制裁。李叔渴望着高墙之外的世界,渴望弥补自己的错误,在监狱诚心悔改表现良好,3 次获得减刑,终于在 2019 年 9 月刑满释放,重新回归社会。三十余载的时光流逝,熟悉的人和事已物是人非,李叔感到茫然无措,不知如何应对。

在社工介入后,其了解到李叔的需求,结合李叔自身情况,收集相关的就业信息,多次陪同李叔去面试,终于找到一份保安的工作,解决了李叔的食宿问题。李叔坚持工作将近 3 个月时间,社工协助其申请的特困补助终于落实下来,此时李叔的慢性病症状加重,走路显得有点困难,社工与李叔一起分析目前是继续工作还是享受特困补贴维持生计,李叔表示需要认真考虑,社工表示尊重李叔的任何决定。李叔担心好不容易申

---

① 肖焱.花甲之年的生命之光:刑满释放人员帮扶个案[EB/OL].(2021-02-07)[2021-08-06]. http://practice.swchina.org/case/2021/0207/38287.shtml.

请下来的特困补贴会因为工作而被取消,对于今后生活无法保障,在未与社工沟通的情况下,辞掉了保安上夜班的工作。社工了解情况后,保持真诚的态度陪伴李叔,与其一起寻找住宿,让李叔感受到他尊重李叔的任何选择,并且在他需要帮助的时候不会放弃他,顺利地协助他租到大产权房,并且协助其一起到街道民政部门备案,为其申请特困人员租房补贴。李叔顺利享受到三无人员的特困补助政策,解决了基本的生计问题,顺利融入社会。

2. 接纳和尊重

在社会工作实践过程中,社会工作者首先就要通过初步的接触与沟通等专业活动与服务对象建立相互的信任关系,从而开展进一步的专业服务。对社会工作者而言,无论在哪一个阶段的服务过程中,都应该首先从内心真诚地对待所有服务对象,对所有社会工作者而言,对服务对象的接纳是一种一贯和统一的原则或立场。

3. 个别化和非评判

由于社会工作实践提供的是与人有关的专业服务活动,社会工作者应充分尊重每个服务对象的个性与人格,充分理解服务对象之间存在的差异。对社会工作者来说,即使是提供同一类的专业服务也要注意将服务对象看作是不同的个体,要充分考虑到个人特质对服务需求和服务模式的潜在影响。

4. 注重和谐,促进发展

建设和谐社会是中国共产党和各级政府当前及未来很长一段时期内坚持的主导政策方针,也是指导社会建设的核心原则。社会工作是社会福利事业的重要内容,也是促进和谐社会建设的主要手段。在社会工作过程中,专业社会工作者要将和谐与发展作为自己的重要价值观。

5. 平等待人,注重民主参与

在社会工作实务过程中,社会工作者要充分尊重服务对象的意愿和想法,主动询问服务对象对问题的看法,尽量减少其主观判断和意见。

在对服务对象的需要满足和问题解决策略上，社会工作者要试图与服务对象建立良好的沟通，尊重服务对象个人的意见和决定，以避免因个人的主观独断和偏见造成对服务对象的伤害。在社会福利服务政策和服务推行过程中，社会工作者作为政府的代表或被委派推行服务时，要尽可能站在居民的立场上，多倾听服务对象的真实想法和意见，尽可能提升政策和服务的效果。

案例2-10：多种路径助推社区基层治理
——以义乌市北苑街道复兴社区为例[①]

复兴社区2004年成立，总人口20 500人，流动人口7 500人，小区总数14个，其中老旧小区5个。社区党群服务中心在地理位置、空间功能方面有一定的局限性，加上小区类型和人群需求多样化的社区特点，这使得社区存在向心力弱、社区融合度低、居民多元化需求难以满足等问题。2019年北苑街道复兴社区党委联合义乌市同悦社会工作服务中心探索社区基层治理模式，运用地区发展模式理论，充分调动居民参与，整合社区资源，培育社区组织。

其中"点靓家园"社区环境微改造项目，聚焦社区环境，邀请了居民代表、社会组织在社区的各个点位进行了实地考察，以社区居民为设计师和改造师，对社区需要改善的环境进行彩绘美化。从选点到图案选择，再到材料选择、方案设计，具体实施，每一步都发动居民参与。最终以轮胎彩绘、石墩彩绘、旧物改造等形式，通过社区居民和社区组织等的共同参与，美化了社区的环境，提高了社区居民对社区环境问题的关注度，也为培育社区文明巡查员队伍奠定了基础。

"点靓家园"环境微改造项目的实施，虽然从一定程度上美化了社区环境，提升了居民对社区环境问题的关注度，但是并不能从根本上解决

---

① 多种路径助推社区基层治理：以义乌市北苑街道复兴社区为例[EB/OL]. (2020-12-14) [2021-12-28]. http://practice.swchina.org/case/2020/1204/37775.shtml.

环境问题，还需要长期的宣传倡导和环境维护，社区文明巡查员队伍在这种情况下应运而生。起初只是发动居民骨干参与宣传、倡导和捡拾垃圾，到后来，通过骨干的带动和社会工作者在活动中的广泛发动，越来越多的居民参与进来，最终发展成为一支60多人的志愿服务队伍。围绕垃圾分类、正向停车、环境卫生清理等开展多种形式的宣传、倡导并开展环境清洁行动。目前，这支队伍已能够常态化地组织和开展志愿服务，实现了居民参与和居民自治。

6. 权利与责任并重

社会工作者在实践过程中，要将助人、满足困难人群需要和解决实际问题等放在第一位，在服务过程中实践专业承诺，在此基础上，社会工作者要帮助服务对象树立责任意识，逐步强化其自我改变和自我发展的能动性，减少服务对象对制度和外部支持体系的依赖，真正达到"助人自助"的目的。

7. 个人发展和社会发展相结合

社会工作的目标不仅是帮助有困难或有需要的个体和群体解决现实生活和发展中的困难，改善他们的社会功能，促进他们融入社会。更重要的是，社会工作还要致力于通过制度建设和政策改革推动社会进步，促进社会发展，实现平等和公正。

(二) 社会工作价值观本土化过程中的情境化困境

情境化困境是中国社会工作价值观本土化需要面对的议题。社会工作专业共同体首先要确立处理情境化困境的一般原则和价值观的优先次序。

1. 社会工作实践中面临的伦理困境

所谓社会工作伦理困境，是指在实务过程中社会工作者面对一种复杂的情境，这种情境涉及明显的、不同道德责任间的冲突，令其陷入两难，无法做出非此即彼抉择的情形。因为任何一种选择都预示着某种失去或损害。

(1) 保密原则

保密原则源于伦理领域和法律领域对个体隐私权的关注,是社会工作专业伦理中最重要的原则之一。保密原则的实践不仅仅关系到社会工作者对服务对象隐私权的尊重、与服务对象专业关系的建立和维系,更是社会工作作为一门助人专业取得社会信赖、获得专业权威的必要条件,无论怎么强调都不为过。

(2) 服务对象自决

服务对象自决,是指服务对象有自由选择和决定的需要和权利,社会工作者应当鼓励和促进服务对象面对生活做出自己的决定和选择,并按照自己想要的方式生活,社会工作者不应当欺骗或驱使服务对象进入一个违背他真实意愿的行动过程。

服务对象有自决权,但在社会工作伦理中,自决在某些情况下是受限的,有时是在例外情况下被干预的,包括如下两个方面:

①服务对象自身的限制。服务对象的自决权是否从法律上被限制,应从服务对象的生理、年龄和心理状态看,是否符合法律上认定的基本行为人的条件,未成年人、精神疾病患者、高龄而意识不清的老人等将由其监护人代为做出决定,社会工作者需要做的是确定其监护人的决定不会对服务对象造成重大的、可预见的伤害。

②伤害性的后果。如果自决后果会对服务对象、他人或社会造成可以预见的、近在咫尺的重大伤害;或自决有危害性,且这种危害是不可逆转的,如服务对象出现自杀、暴力对待他人、遗弃自己病重的孩子等行为,在此种情况下,应限制服务对象的自决权。

(3) 价值中立与价值操控

社会工作者需要保持价值中立,但价值中立是有限度的,社会工作者可以进行价值介入,但价值介入也是有限度的。

在实务操作中要注意完全价值中立带来的问题;尊重和接纳社会工作者与服务对象间价值观的不一致;处理好自我袒露和价值中立之间的

关系;尽可能减少价值操控。

(4) 双重关系及其限制

专业关系的建立带有明确的目的性,是为了增进服务对象的福祉,社会工作者不能不正当地利用专业关系来谋取个人利益;专业关系是一种单一关系,即服务者和被服务者之间的工作关系,不存在除此之外的双重关系和多重关系;专业关系是一种有限关系,在时间上,一旦结案,关系就结束了,在空间上,只能在工作场合接触,尽可能避免非工作场合接触。

案例2-11:朋友关系与专业关系之间的冲突
——以重庆市梅花山小学社工信箱为例[①]

梅花山小学六年级二班小美同学是个女生,13岁,性格比较活泼,主要的问题是不爱学习,即厌学情绪有点严重,经常会和同学吵架。社工为其提供的服务已经进入了结案阶段后期。

小美给社工的信件:雪姐姐,上次在小组活动中你说以后不会经常定期来给我们讲课或是做游戏,我们写的信可能也不会总是你回,会有其他姐姐或哥哥来替你。如果以后你不来了,我真的不开心……我喜欢你来我们班,给我们讲课,带我们去活动室做游戏。要是以后你真的不来了,如果我遇到不开心的事,我可以随时去找你,或者给你打电话吗?我想让你做我姐姐呢,上次我爸爸妈妈来参加你们的那个什么亲子沟通活动,他们也很喜欢你!对了,他们说下个周末和我的叔叔婶婶还有浩阳哥哥(服务对象叔叔婶婶的儿子,初二,成绩特别好)去喝毛哥老鸭汤呢!姐姐,到时候我想你和我们一起去呢,我觉得自己和他们去吃饭挺没意思的,而且他们老在那种场合说我,老拿我和哥哥比较,很烦的!如果你去了,他们就不太唠叨了,而且有你跟我

[①] 伍明雪. 从两个案例看学校社会工作伦理困境:以重庆市梅花山小学社工信箱为例[J]. 中国社会工作,2017(24):26-27.

说话,我爸妈就不会老针对我了。所以,姐姐,你就帮帮我,之前我有事的时候,你也常帮我的!

在本案例中,如果这位社工在结案后就立刻抛开与小美的一切联系,是不允许的,也不切实际,因为结案之后还有一个追踪阶段,社工和服务对象还是要有接触、有联系的。而且,虽然服务对象与社工的服务关系、建立的专业关系已经结束,但如果服务对象在之后的学习及日常生活中产生什么困扰,还是可以寻求社工帮助的。但如果结案后社工还与服务对象保持良好亲密关系,甚至发展成一般意义上的朋友关系,则是不允许的。因为这已经超出了社会工作专业关系的界限,而且长期发展下去就会违背专业伦理。

实务经验告诉我们,要设定完全意义上的专业界限是不可能的,但是下面的指导原则对解决界限冲突可能是有用的:①在你的专业与个人生活中,设法成为践行社会工作专业原则和价值角色的典范;②在与服务对象的关系中,设法赢得尊重,成为践行专业原则和价值角色的典范,而不是形成朋友与朋友的关系;③在与服务对象的关系中,不要试图满足个人需要;④设法提高自身对需求、感觉、价值和局限的认识,从而使你对这些因素如何影响与服务对象关系的意识得到增强;⑤当某种与服务对象交往的适宜性问题被提出时(譬如,是否与服务对象一起吃午饭),通过评价这种交往是否对你与服务对象的关系产生建设性影响的方式寻求答案,如果具体的影响无法客观评述的话,那么就不进行这种交往;⑥与服务对象的建设性专业关系需要一定的距离,如果你的问题是你经过反复考虑仍无法清晰界定这样的社会交往是否会干扰专业关系,那么咨询你的督导或者值得尊敬的同事;⑦在你与服务对象的专业角色中,意识到任何不适宜的行为、语言和穿戴(例如与服务对象分享你的私人生活或某种未经证实的"八卦"),是非专业的。

(5) 资源分配与维权倡导

社会工作者的首要职责是增进服务对象的福祉,一般情况下,应当把服务对象的利益放在首位,应在机构内外,为获得充足的资源以满足服务对象的需要而奔走呼吁;在资源的合理配置方面强调程序和标准的公正和公开,分配程序应当对服务对象一视同仁,运用的标准要恰当、前后一致。社会工作者不应做出纵容或配合任何形式的基于种族、民族、国籍、肤色、性别、性取向、年龄、婚姻状况、政治信仰、宗教、精神或身体状况对任何个人、群体或阶级的剥削和歧视;社会工作者对于所掌握和使用的资源,应审慎地予以节省,绝不乱用资源,绝不毫无目的地使用资源。

社会工作的核心价值是维护公平与正义,而需求的无限性和资源的有限性导致资源分配过程中不可避免地存在不平等与差异,当资源不能满足所有当事人的需求时,分配程序应当对当事人一视同仁,运用的标准要恰当、前后一致,致力于协助服务对象及其系统获得所需资源。但事实上,社会工作者在提供专业服务时,不得不时常面对资源分配中的不公问题。

2. 伦理难题的基本处理原则

(1) 保护生命原则

在社会工作实践中,保护生命原则高于其他所有伦理原则。社会工作者有义务保护受助者的生命,也包括保护其他人的生命。在服务过程中,若服务对象所陈述的个人隐秘资料中涉及第三方利益相关者的生命安全,如服务对象在辅导中透露自己曾想或计划谋害第三方,社会工作者则有义务将相关信息知会第三方利益相关者,以确保其生命财产的安全,并提前做好相应的预防和准备。

案例 2-12:"牵一缕阳光,照亮女孩成长之路"
——危机介入模式在被遗弃女童保护个案中的运用①

果果(化名),女,今年 4 岁,是非婚生子女,为母亲在北京打工时出生,生父不详,自出生便与母亲相依为命,因果果母亲不配合,目前还未上户,也未上学。果果母亲于 2019 年 7 月有过将果果独自留在宾馆而后外出的经历,经过社区与民警、社工的劝说,承诺将不再有此行为。2020 年 3 月 20 日,果果母亲自常德市鼎城区汽车站附近的迎峰宾馆外出后,就再没有回来。

在此案例中,果果面临的最主要的危机是监护缺失带来的安全隐患,因此,保障果果的监护安全是社工开展工作的第一要务。

3 月 20 日,果果被其母亲遗弃于车站附近宾馆,22 日,宾馆老板向辖区派出所报案,27 日,辖区民政局接到公安通报,对果果开展临时监护。4 月 10 日,市民政局就果果临时监护问题召开工作会议,会议决定由市社会救助事务中心(简称救助中心)负责果果临时监护。

4 月 10 日,社工得知会议决定,紧急招募"阳光妈妈"、布置房间、准备生活用品等,13 日,果果在民警及宾馆老板的陪同下来到了在救助中心的"新"家,开启了和"阳光妈妈"何奶奶在救助中心的新生活。

至此,果果的最大危机——监护危机得到缓解。

(2) 差别平等原则

社会工作者在实践中既要以平等的方式对待服务对象,同时又要注重服务对象的差异性,在助人过程中充分把握好平等待人和个别化服务的理念。

---

① 蒋丽平."牵一缕阳光,照亮女孩成长之路":危机介入模式在被遗弃女童保护个案中的运用[EB/OL]. (2021-03-30)[2021-08-25]. http://practice.swchina.org/case/2021/0330/38656.shtml.

(3) 自由自主原则

在社会工作实践领域，自由自主原则主要体现为社会工作者充分调动服务对象在服务参与中的积极性和能动性，充分尊重服务对象的意见，鼓励服务对象表达不同意见，注重倾听服务对象的意见和声音，尊重服务对象在服务过程中的选择和决定。

(4) 最小伤害原则

社会工作者在作伦理决定和提供服务中要尽力保护服务对象的利益不受侵害，要最大可能地减少甚至预防伦理决定和服务可能对服务对象的身体、心理和精神造成的伤害，尽可能实现利益最大化。

(5) 生命质量原则

在社会工作实践领域，社会工作者要尽量通过服务来改善服务对象的身体及心理状况，通过提供经济帮助、心理辅导服务满足服务对象的需要，从而改善服务对象的生活质量，提高服务对象的身体及心理健康指数，全方位地提高服务对象的生命质量。

(6) 隐私保密原则

社会工作者一旦与服务对象签订服务协议，就要在提供服务的各个环节始终遵守保护受助者个人隐私和有关信息的承诺，绝不能轻易泄露服务对象的私人信息以及同服务相关的隐秘信息，以保护服务对象的个人权益。

(7) 真诚原则

社会工作者在服务过程中要坦诚对待服务对象，适当地做到向服务对象呈现自我，以建立相互信任的工作关系。一个真诚的社会工作者就是能够用不伪装、坦诚和真实的自我来面对服务对象，进而实现以生命影响生命的目标。

案例2-13：让爱开启失亲未成年新人生
——疫情期创伤性应激障碍危机介入[①]

2020年注定不是平凡的一年，新冠肺炎疫情的发生，让每个人的心都在恐慌中度过，对一个家庭来说也是一种挑战。

4月2日，社会工作者在某小区开展新冠肺炎"无疫小区"的心理测评活动中，突然听到某小区因夫妻之间沟通不畅引发一起杀妻事件，社会工作者第一时间向社区工作站领导了解事件情况后并报告机构，同一时间接到社区党委书记指示，由社会工作者直接介入整个案件中。服务对象凡凡（化名），女，15岁，非深户，目前就读民办高中，现与其姐姐共同生活。因服务对象年少，出生在深圳，父母几乎不回老家探亲，老家亲戚联系较少，感情不深厚，社会支持网络较为淡薄。

命案发生之后，部分居民纷纷讨论猜测，为了保护服务对象隐私，做好社区维稳工作，社会工作者倡导居民不信谣、不传谣、不造谣，不相信一切非官方发布的信息，不转发未经核实的信息，做遵规守法的好公民。

服务对象凡凡住院面临无人照顾的局面，社会工作者申请24小时陪伴。从上救护车至住院伊始，服务对象凡凡情绪崩溃、阶段性哭泣、神情呆滞、不喜言语。陪伴期间社会工作者运用同理（适时拥抱、握手）、生活照护、转移注意力、情感反映等技巧真诚对待服务对象，获得服务对象信任，服务对象认为社会工作者陪伴在身边有安全感。通过社会工作者和心理咨询师前期辅导和陪伴，服务对象情绪逐步恢复稳定。

[①] 龚艳丽,赖文珍.让爱开启失亲未成年新人生:疫情期创伤性应激障碍危机介入[EB/OL].(2020-12-09)[2021-08-30]. http://app.swchina.org/print.php?contentid=37812.

（三）中国社会工作价值教育

1. 中国社会工作价值教育过程中存在的问题

（1）本土化的社会工作价值观尚未成型

社会工作是一个舶来品，社会工作的价值体系深受西方传统文化的影响，包括"助人自助"的核心观念也是来源于西方，我国的传统文化与西方有很大不同，所以在借鉴西方社会工作价值观的过程中，我们只借鉴了其中的一些核心原则，这就使得我国的社会工作价值观还未形成本土化、系统的、具体的、可操作性强的理论体系。

（2）各教学主体对社会工作价值观教育的重视程度不够

虽然学术界已经意识到，社会工作价值观教育在社会工作教育中有很重要的作用，但在真正的教学中，教师和学生都没有对价值观教育做到足够重视。很多设置了社会工作专业的高校并没有专门开设价值观教育课程，只是在概论类教材中作为章节来讲述。

（3）缺乏社会工作价值观教育的有效手段

目前价值观教育主要以课堂讲授的方式为主，这一方式虽有助于学生形成对价值观的系统认识，但具有教学内容固定枯燥、教学信息单向传递等特点，同时，对价值观教育的效果往往采用考试的方式来评价，这一方式只能用来检验学生对于价值观的相关知识记忆了多少，并不能有效检验学生是否将社会工作价值观内化[①]。

2. 我国社会工作价值观教育存在问题的原因

社会工作教育包括知识教育、价值观教育和技术教育三大组成部分，但其核心是价值观教育。重视社会工作价值观教育，是由社会工作专业本身的性质所决定的。只有专业知识和技术而没有良好的价值取向、人格尊严和道德操守的社会工作者是不受欢迎的。造成忽视社会工作价值观教育的原因是多方面的。从理论上和实践上不能正确处理社会工作价值观教育和

---

① 陈晓宇,杨扬.对我国社会工作价值观教育的反思[J].山西青年,2018(24):286.

技术教育关系是一个重要原因。具体有两个方面的表现：一方面，课程设计者对价值观教育的重要性缺乏正确的认识，对价值观教育和技术教育的关系认识不正确，将价值观教育视作"软"任务，把技术教育视为"硬"任务，所以容易不自觉地忽视价值观教育的地位，把价值观教育置于可有可无的地位。另一方面，因为目前的课程设置有很多技术课程需要开设，以至于课程设置者有意无意地将课程设置注意力集中在技术课程上。[①]

3. 国际通则与我们的选择

在近百年的发展历程中，社会工作专业形成了自己的理论体系，社会工作专业教育也形成了一定的规范，并已经得到国际社会工作界的认可。中国社会工作专业作为后来者，既要在一定程度上遵循国际规范，又要走自己的发展道路。[②]

(1) 向国际靠拢又必须适应中国现实的要求

社会工作作为一个专业有其普遍性的专业理论基础。中国没必要，也不可能完全脱离国际社会工作专业的发展，独创一个完全不同的专业。所以，借助世界各国社会工作专业发展的成果，对中国社会工作专业发展而言是一个十分有利的捷径。

(2) 接受国际通则走自己的发展道路

社会工作专业教育的国际通则并不是由哪一个国家制定的，它在各国社会工作专业教育的发展过程中形成，又为世界各国所共同认可。所以，它也反映了社会工作专业教育发展的客观规律，是发展社会工作专业教育所必须遵守的。但是，中国有着自己的文化传统，有自己的社会现实基础，因而也就有中国社会独特的社会问题。所以，中国社会工作专业的发展又必须走自己的发展道路，培养适合中国社会及中国社会工作专业发展需要的社会工作专业人才。

[①] 王玉香. 社会工作专业价值观教育存在的问题与应对[J]. 山东青年政治学院学报，2017，33(5)：21-26.

[②] 王思斌. 社会工作概论[M]. 2版. 北京：高等教育出版社，2006.

第三章

社会工作专业方法

第一节　个案工作方法

一、个案工作的概念

个案工作是社会工作的基本方法之一,是一项专业的助人活动。较之小组工作和社区工作,个案工作起源最早,理论和实践体系发展也更加完备。它要求专业的社会工作者在相应价值理念的指导下,运用专业的助人方法和技巧,以个别的方式来对有困难、有需求的群体进行帮助。①

(一)个案工作的界定

自个案工作在英美产生以来,许多的专家学者都在试图对个案工作的内涵和外延进行界定,但是至今仍旧没有较为统一的说法。以下几个是相对具有代表性的定义。

社会工作的鼻祖玛丽·埃伦·里士满在《个案社会工作导论》中强调,应当通过个案工作来帮助案主发展其人格。里士满认为个案工作是以个人为着手点的包含着一连串工作的过程。它通过对案主所处环境进行有效的调整来促进案主人格的成长和发展。这便是里士满对个案工作的界定,同时也是个案工作的最早定义。

美国哥伦比亚大学的学者霍利斯在1972年所著的《个案工作——一种心理与社会治疗》中强调,案主出现问题不仅仅是个人内在的原因,和外在的环境因素也有莫大的关系。因此,个案工作需要致力于个人内在需求的满足,同时关注案主社会关系的协调。

---

① 许莉娅.个案工作[M].2版.北京:高等教育出版社,2013:1-2.

我国台湾学者廖荣利1973年在《社会个案工作》一书中总结了一个关于个案工作的定义：个案工作是社会工作者以案主及其家庭为目标的一种助人方法。其目的在于帮助个人和家庭处理问题和困难，以预防问题和困难再发生，提高个人和家庭的社会适应能力。

1999年王思斌主编的《社会工作概论》将个案工作界定为：个案工作是由专业的社会工作者运用有关人和社会的专业知识技巧，来为个人及家庭提供物质、情感等的支持和服务。其目的是帮助个人和家庭减少压力和问题，从而达到个人和社会的良好福利状态。

以上的界定大多数是介于个案工作的服务目的、内容、手段和方法等层面进行入手的，但是对于社会工作所秉持的价值观则提及甚少，而价值理念的指引恰巧是个案工作的灵魂，因此本书综合前人的定义对个案工作进行了重新的界定：

个案工作是专业的社会工作者在基本的价值理念的指引下，运用科学的专业知识和技巧、采用个别化的方式来为感到困难的个人和家庭提供物质和心理等方面的服务，从而回应个人和家庭的需求，帮助他们解决问题，克服困境，挖掘生命潜能，来更好地适应社会。

(二) 个案工作与心理咨询

个案工作和心理咨询所提供的服务内容在某种意义上说有重叠交错的部分，个案工作中有心理咨询的影子，而心理咨询中也有个案工作方法的嵌入。二者之间并不是相互对立的，他们既有区别又有联系。

1. 心理咨询概述

心理咨询(counseling)指的是运用心理学方法，对心理适应等方面出现问题并且企求解决问题的求询者提供心理援助的过程。寻求帮助者则被称为来访者或者咨客，而提供帮助的心理专家被称为咨询者。来访者就自身存在的心理不适、心理障碍等，通过语言等交流媒介向咨询者述说、询问和商讨，并在其支持帮助下通过共同探讨找出引起心理问题的原因所在，分析问题的症结，从而寻求摆脱困境的对策，以便恢复身心健康,提高对环境的适应能力。

2. 个案工作与心理咨询的异同

社会工作从产生开始就和心理学尤其是心理咨询密不可分。阿普泰科曾说过,心理咨询就是没有具体社会服务的个案社会工作。然而,这毕竟是两种学科,将二者混为一谈有碍于学科的健康发展。[①] 因此,以下列举了关于心理咨询和个案工作的相异之处,以便大家对个案工作的概念有更深层次的理解。

(1) 心理咨询注重精湛的专业技术,而个案工作则更加注重对个人尊重、接纳的价值理念以及关心的情怀。

(2) 心理咨询更加着重于来访者形成问题的个人心理成因,而个案工作则更加注重案主产生问题的社会成因。

(3) 心理咨询只限于心理咨询室中心理因素的探讨和治疗,而个案工作则更加强调资源的运用。

(4) 心理咨询重在解决个人问题,甚少涉及社会和政治因素,而个案工作则更加关注社会和政治责任。

(5) 心理咨询本质上属于消费行为,来访者需要支付咨询的相关费用,而个案工作的专业性则要求其提供的服务不以营利为目的,由此社会工作者缺乏一定的激励。[②]

二、个案管理

个案管理的出现是个案社会工作的新发展,它作为一种专业的社会工作模式,要求的是一个有多种服务项目的,能够进行持续照顾的服务体系。[③]早在20世纪80年代,西方就出现了个案管理的概念和实务。随

---

① 华炜,卜林,张霞.个案社会工作与心理咨询的专业关系比较[J].社会工作下半月(理论),2008(12):18-20.
② 张瑾.职业化背景下中国社会工作教育发展的再思考[J].工会论坛,2007,13(2):117.
③ 全利民.个案管理:基于社区照顾的专业社会工作方法[J].华东理工大学学报(社会科学版),2005(2):29-33.

着现代社会的高速发展,人们的福利需求日益广泛,而提供福利服务的资源又相对短缺,个案管理正是应对这种传统福利制度下的各种问题的有效措施。

(一)个案管理的概念

尽管不同的专家学者对个案管理有很多个性化的阐释,但主要内容却是大同小异:(1)由来自不同职业和机构的专业人员所组成的团队,为案主提供长期性、综合性需求的服务。(2)对多重服务进行协调、管理与整合的过程。(3)服务的对象一般是有复合需求的案主,他们的问题较为复杂,需要服务的时期较长。(4)将多重的服务资源通过服务体系输送给案主,增强案主获得和使用资源的能力。(5)一定的服务效能与成本效益,通过提供持续性的服务,以确保对案主的服务质量。(6)社会支持网络资源的开发、协调与管理。

简单来说,个案管理指的是结合不同领域的专业人士来为案主提供多元服务的过程,而社会工作者在其中担任协调和服务的工作,这是对社会工作者服务角色的新挑战和新拓展。

(二)个案管理的程序

个案管理的基本流程和个案工作的流程大致相仿,但是存在一定的差异。其包括以下六个模块:

1. 申请、接案:案主向社会工作机构提出申请时,社会工作机构应当及时对案主的问题进行专业的判断,判定该问题是否在本机构的服务领域之内,机构是否有能力承接该项服务,如若不能解决,则需要转介到其他相关机构进行诊断和服务。

2. 调查诊断:通过对案主的状况进行深入细致的调查,将所收集到的资料进行整理、分析、诊断,由此确定案主存在的主要问题及原因。

3. 计划拟订:针对案主存在的事实问题,列举出可能的资源,协助案主拟订解决问题的计划。在这个过程中需要注意的是,计划要按照重要程度进行先后排序,以便由简到难渐次实现。

4. 执行计划：社会工作者通过链接资源，使案主同能为其提供帮助的机构取得联系，这是计划执行中最为关键的部分。由于案主的问题较为复杂，不能在短时间内一次性解决，需要分清楚轻重缓急。

5. 监督、协调：社工需要在案主和资源提供者之间做好协调和监督的工作，从而保证计划的顺利实施。

6. 评估结案：针对服务的整体过程进行效果的评估和反思，这也是考核服务成果的重要步骤。

案例 3-1：癌末病患之个案管理[①]

患者朱某于2007年底被确诊为乳腺癌末期，病情较重，卧床，双乳病变，手脚浮肿，呼吸不畅，需要特殊照顾，主要由其男朋友乐某照顾。

案主的生态系统分析：案主的性格较为自强，在患病前有良好的工作，并与男友有结婚的打算，在患病之后无法再进行工作，仅有的一些积蓄也在前期的治疗中所剩无几。由于与其他家人甚少联系，无法从家庭获得有关经济、精神、日常生活照顾等支持，由男友全力照顾。其男友由于在早期工作时患下了职业病，无法同时兼顾工作和女友，因此辞去工作专门照顾女友。此外，由于案主与男友的感情并不为男友家人所认同，所以也无法获得来自男友家人方面的支持。至此，案主与男友面临着严重的经济问题，并且在精神、心理上承受了巨大的压力。

案例3-1中，在前期的个案会谈过程中，社会工作者收集到了关于案主生理、心理、经济等多方面的具体困境。在经过与案主的充分讨论之后，社会工作者与案主共同确认好其需求，并且按照优先顺序进行如下排列：

---

① 唐咏,魏惠兰.个案管理模式兴起及其在医务社会工作中的启示：以癌末病患照顾者为例[J].社会工作(学术版),2011(6):46-50.

（1）案主目前面临严重的经济问题，不仅不能够获得必须的治疗，并且在日常吃住方面也出现了严重的问题。

（2）案主男友不仅需要担负起照顾案主的责任，还面临着来自经济、心理、家庭关系、自身身体健康等多方面的压力，经常出现抑郁、恐惧、烦躁的情绪。

（3）案主认为自己的病情拖累了自己的男友，如今不但无法与男友成婚，还成为男友的包袱，一度愧疚难受不已，想离开男友。

（4）协调案主男友与其家人的关系，希望可以获得来自男友家人方面的支持。

社会工作者对案主的需求进行了一系列的整合和分析，通过已有的资源和平台为案主进行资源链接。此外，借助筹款、募捐等方式以及各方力量的共同努力，社会工作者协助案主获得如下的资源：

（1）为助力应对经济压力，社工联系慈善组织为其争取社会资源，并联系媒体对案主进行专访，以此获得社会各界的捐款支持。

（2）为缓解男友压力，社工与其进行一对一会谈，帮助其释放压力。此外介绍案主男友参与癌末病患家属支持小组，从而获得心理支持。

（3）为正视与男友之间的关系，社工引导二人进行深层次对话，使得案主意识到男友照顾她是一种爱与责任的体现，作为案主应当坚定信心，和男友一起面对困难。

（4）为获得男友家人的支持，社工通过召开家庭会议，使得男友家人明白和理解男友的做法和苦衷，并在适当时候将案主引入会议，分享内心感受，争取获得男友家人的理解和支持。

社会工作者按照案主的意愿以及资源的相关性和可及性对资源进行了整合。案主的服务计划中涉及医院工作人员、慈善机构、社工机构、新闻媒体、社区以及义工等组织，社会工作者秉持个案管理的服务原则与这些部门进行了沟通，使他们对整个计划有所了解，并能积极配合工作。

社会工作者通过个案管理的手段对案主进行干预之后，为观测案主及其家人后续的改变状况，社会工作者要对该个案进行后续的评估与跟进。

由于案主与男友在前期治疗中丢失医院治疗收据，因此无法获得慈善机构所提供的支持。但在媒体专访下，社会工作者为案主募集了部分资金，暂时解决了案主的燃眉之急。案主男友通过与社工一对一访谈、参加相关小组活动释放压力，对自己面临的困难有一定的信心，并通过小组有关死亡教育专题的开展，正确认识到了女友的离去问题，心情恢复平静，身体压力也有所降低。另外，在召开家庭会议之后，案主男友的家人表示理解并且支持案主男友的行动，给予了经济、精神上的支持，特别是案主男友的父母，特意搬到案主所住的地方，分担起照顾案主的责任，让案主男友有时间去找合适的工作来挣取收入。

在后续的评估和跟进过程中发现，案主的经济压力在社会的帮助下得到了一定程度的缓解，和男友家人的关系也有了很大的改善。案主男友也逐渐接受了案主即将离开的现状，在父母的理解和帮助下身心压力也减轻了不少，至此，该个案顺利结束。

个案管理为问题复杂的案主提供了更多的解决渠道，通过资源链接、资源整合等方式，帮助案主在多个层面获得救助。

三、个案工作的程序

个案工作的程序即实施个案工作的步骤，在对案主进行个案介入的时候需要按照科学、合理的步骤进行具体个案实施。对于个案工作的程序设计，不同学者有不同的阶段划分。常见的划分有三步骤说、四步骤说、五步骤说和六步骤说，尽管各种说法的步骤划分在组成上各有差异，但是具体涵盖的内容都大致相似。在本书中，我们更加倾向于将个案工作的程序划分为六个步骤，分别为接案、调查、诊断、计划、治疗和结案。以下会通过案例展示对这六个步骤进行更为详尽的阐释。

(一) 个案工作的一般过程

案例 3-2:"生命的新里程"
——灾后安置社区中的老年人服务个案[①]

服务背景:2016 年 6 月 23 日,盐城阜宁发生的龙卷风自然灾害使得百姓家宅受损,灾后在政府的帮助下受灾群众都搬进了新房。生活环境和生活方式的骤然转变对很多人来说无疑是不适应的。随着高效的灾后安置成功,生活迅速转入平静,老年村民对子女的情感依赖也不断加强,孤单、寂寞、自我价值的否定等消极情绪增长迅速。

服务对象王某,男,68 岁,高中肄业,1995 年以前做过一段时间赤脚医生,在村中人缘好。2016 年风灾中他腰部重伤,腰椎压缩性骨折、肋骨骨折,先后在阜宁县人民医院、盐城市第一人民医院医治。现基本康复,基本生活无碍,后期仍需定期检查和服药。如今他和老伴(脑梗死后遗症,左侧肢体活动不便)赋闲在家,二人主要收入是每月的土地补偿金和以前的积蓄。面对新环境,原先开朗爱走动的老人情绪低落,不愿外出走动,家中装潢虽好但卫生状况一般,物品放置凌乱。个人卫生状况较差,头发油腻,指甲偏长,身上有异味。

1. 接案

接案是社会工作介入过程的第一步,也是整个助人过程的起点。当案主通过各种渠道接触到社会工作者,并主动或者被动地向社会工作者寻求帮助时,社会工作者首先要做的是通过访谈和评估了解申请者的问题和需求,当社会工作者本人及所在机构无法提供相应服务,应当告知案主原因并为他进行转介。

案例 3-2 中的服务对象并非自主寻求帮助,社工是通过村委会的

[①] 邂逅社工."生命的新里程":灾后安置社区中的老年人服务个案(一等奖)[EB/OL].(2019-05-10)[2021-08-26]. https://baijiahao.baidu.com/s?id=16331019955549962878&wfr=spider&for=pc.

渠道初步得知服务对象的相关资料信息,在了解服务对象所面临问题的背景下准备对服务对象采取进一步的专业干预。后续社工准备从村委会、邻居等渠道多方面收集资料。

2. 调查

在完成接案工作以后,社会工作者要对求助者的境况进行细致且全面的了解,具体包括服务对象的经济状况、家庭结构和互动关系、成长历程、社会适应力、现有的社会资源和当前所面临问题的实际情况。[①] 此外,由于每个个体都有其独特性,因此社会工作者需要在搜集资料前对服务对象的问题加以探讨,找到搜集资料的方向和重点。其中搜集资料的方式可以是直接同案主进行会谈、家庭访问、对相关人士进行访问等,以了解更多和案主有关的信息。

案例3-2中,社工在村委会的陪同下对王某进行多次家访,收集资料。在家庭中,老人和老伴关系亲密,生活在一起。王某子女长期不在家,其主要照顾者为老伴。王某有一儿一女,儿子、媳妇常年在昆山打工,年收入6万元,孙子小学一年级,跟随父母。女儿、女婿在盐城打工,年收入5万元,外孙女上幼儿园。儿子、女儿等晚辈与老两口联系不多,只注重物质支持(如安置小区房屋的购买、装潢都有资金支持),忽略精神和情感的需求。老人和以往的邻里亲戚无走动,和现居地邻居关系也一般。

3. 诊断

通过所获得的资料仔细推究面临问题的真相、特点、原因和症结,探讨问题与案主人格之间的交互关系,以了解案主的能力、态度和改变的可能性。与此同时,研判社会资源的多寡及可利用的范围,初步筹划未来治疗的策略。诊断的要点包括案主的生理功能、心理功能、社会功能以及环境等方面。以案例3-2为例:

[①] 李迎生.社会工作概论[M].2版.北京:中国人民大学出版社,2010:206.

生理功能：案主为男性，68岁，2016年风灾中他腰部受到重伤，腰椎压缩性骨折、肋骨骨折，现基本康复，后期仍需定期检查和服药，生活基本无碍。

心理功能：风灾后的情绪低落造成案主和邻居、老朋友以及亲戚走动少，其主动放弃了朋友、亲戚的情感支持功能。村委会更多是关注案主基本生存条件（水、电、吃、穿等）和物质条件（住房、装潢等）的改善，缺乏精神关怀，案主也是被动等待村委会的分配和安排。

社会功能：案主以往有赤脚医生的经历，人缘好，因为疾病和灾害的缘故，现下的生活环境和生活状况有了极大的改变。久而久之，案主产生了不被社会需要的情绪，儿女和村委会的内在关心较少，导致案主不愿意与外界交流，社会功能逐渐减弱。

社会环境：案主被动接受变故，面对新环境出现情绪低落现象，不愿外出走动，个人卫生状况较差，家中装潢虽好但卫生状况一般，物品放置凌乱。此外，现有社区和村镇医疗资源的匮乏，使老人的康复问题得不到保障，生活质量低。

4. 计划

社会工作者在掌握案主问题的实质以及实际需求之后，在分析可调配资源的基础上，再着手拟订比较周全的治疗方案。改变案主的计划可以分为近期计划和远期计划，其中近期计划主要着眼于比较容易达到的目标，例如改变案主的某种行为，澄清案主一些不切实际的观念，化解一时的危机或压力等。而远期计划则应当通过计划的实施，提高案主的能力和充实案主的信心，以期彻底摆脱困境。例如使案主强化自我认识，建立自信，改善人际关系，增强社会适应能力，发挥潜在能力等。需要特别注意的是，社会工作者要和案主一起讨论解决问题的方法和途径，然后再设计可行性方案。以案例3-2为例：

（1）总体目标。通过分期规划，改善案主的生活质量，帮助案主重建生活信心。

(2) 具体目标。第一阶段:让案主了解到社会上现存的对老年人之偏见及错误观念;第二阶段:改善老年人的客观环境,增进案主家庭成员关系;第三阶段:鼓励案主制订自我计划,增强自我决定意识,增强自我解决问题的能力。

5. 治疗

该部分又称为"介入"或"干预",是将上一个阶段制订的计划加以实施并且协助案主解决相应问题的过程,是个案工作最为关键的部分。在这个阶段,个案工作者需要协助案主抒发内心的积郁情绪,澄清案主的疑虑,纠正案主的偏差行为,改善案主所处的环境,从而促使案主调节自身的身心,达到一个较好的生活和工作状态。

第一阶段:让案主了解到社会上现存的对老年人的观念存在严重的偏见,以建立信任关系,激发案主生活热情。

有了前期的信任关系,服务对象认可了社会工作者。老年人要愉快地面对角色的变化,要从新角色、新生活中寻找自信。健康的心理以及对自己正确的认知是老年人获得幸福晚年的前提。经过多次探讨,社会工作者引导服务对象反思,帮助其总结出老年人也要"老有所为、老有所乐"。鼓励服务对象走出家门,融入社区,引导服务对象在其能力范围内继续从事适当的活动。在这个阶段,社会工作者引导服务对象调整认知,树立健康养老观念。

第二阶段:改善老年人的客观环境,增进案主家庭成员关系。

服务对象认可新的理念,但实际改变中仍需引导和鼓励。2017年8月份社工联系志愿团队为灾民发放物资,同时为服务对象准备卫生打扫工具,帮助服务对象洗头、剪指甲等,在喜悦的情绪中与服务对象共同制订卫生计划。培养服务对象自我服务的能力,令其养成健康的卫生习惯。此外,联系专业的康复专家走进服务对象家中,共同服务案主及其老伴,商定康复计划。给予照料者支持,提升家庭整体应对能力。随后的走访中,家中卫生持续向好的方面转变,个人卫生明显好转。

9月份一次走访中,服务对象向社会工作者提出参与剪纸培训的意愿。社工在与村委会和其他多名安置居民交流后发现,剪纸具有广泛的群众基础。经多方协商后,以村会议室为教室,邀请省级剪纸特等奖获得者为村民开办剪纸兴趣小组。在每次剪纸活动后会开展养老健康知识培训,并通过提问、现场模拟等方式巩固效果。此外,鼓励服务对象使用微信视频与子女联络,在视频通话中,社会工作者真诚、慷慨的表扬让服务对象及其子女心情舒畅,视频氛围活跃融洽。这个阶段,服务对象在活动中体验到了自我价值,提升了自信。此外,微信视频通话的使用,提升了家庭联络频率和质量。

第三阶段:鼓励案主制订自我计划,增强自我决定意识,增强自我解决问题的能力。为巩固成效,10月初举行了兴趣小组的剪纸成果展示,在评比中服务对象的作品受到一致好评。当社会工作者提出重阳节开展尊老游玩活动时,服务对象十分赞同并主动联络村民和村委会。经多次沟通协调,安置社区第一次重阳尊老旅游活动得以开展。活动中听到了老人们久违的笑谈声,合影时留下了灿烂的笑容。至此,表明服务对象已经具备一定的自我决定和自我解决问题的能力。

6. 结案

当服务对象需要解决的问题即将解决之际,可同服务对象一道回顾已经取得的进步,并征询服务对象对今后生活的有关想法。如果服务对象表示:"我行了,不用再见你了。"这就标志着服务对象已经可以重新自主生活,个案工作可以结束。① 结案后,为了确保案主可以良好适应生活环境,社会工作者在规定时限内需要进行跟踪服务,观察案主的改变状况。

介入结束,服务对象已经有了很好的精神状态。在服务对象的倡议下,12月份成立了由村民积极分子、专业社工和村干部共同组成的"两

---

① 子木. 社会个案工作的基本程序与方法技巧[J]. 中国妇运,2010(9):44-45.

合村志愿服务队"。服务对象作为主要成员参与其中,按计划在社区公共卫生管理、治安上发挥作用。服务对象高兴地表示:"现在为自己的社区服务,就是为自己服务。在家里开心、在社区里高兴才是真的幸福。"社会工作者认为服务对象已经完全认同健康养老理念并能依据理念正向调整,具备一定自我决定能力。

针对整个个案服务的介入过程可以总结出以下三个特征:

(1) 服务方法的综合化。直接服务社会工作有个案工作、小组工作、社区工作三种方法。个案方法有利于深入了解个体的身体和心理状况;小组工作对人的影响和由此带来的转变,会比其他工作方法更为持久;社区工作介入问题的层面更为宏观,在自助、互助与自决的精神层面服务上优势明显。在面对复杂问题,特别是社会功能恢复和重建问题时,三种方法缺一不可,尤其是在农村社区,可能需要多种方法协同介入,才能帮助服务对象改善生活品质。

(2) 服务资源的多元化。农村老年人晚年生活的支持系统需多方努力,共同建构。面对农村老年弱势群体,既不能单纯依靠老年人家庭,也不能把希望完全依托于某一系统,而是需要家庭、社区、社会和老年人自身的综合能力,共同采取可持续的、有效的措施,三位一体构建社会支持网络。家庭支持是基础,子女既要在经济上,更要在精神上关爱老年人。社区支持为依托,社区是农村老年人的主要活动场所。社区与老年人能否形成良性互动,直接影响老年人的生活品质。社会要提供有力支持(包括政策制定、经济支持、文化倡导等)。

但是,在农村社区筹集这些服务资源是比较困难的。不仅家庭成员忙于生计,无暇顾及服务对象的心理、精神需求,就是基层政府在灾后重建过程中,资源也大多聚集在有形的建设上。阜宁风灾之后,江苏省民政厅、民政部等上级民政部门及时关注灾后重建过程的心理康复与精神支持服务,并投入了相应的资源,社会组织也积极参与其中开展服务,这都是非常可贵的。

(3) 服务理念与方法的普适性。社会工作专业方法在促进农村社会和谐中优势明显。鲜明的角色定位、独特的工作视角以及专业的工作方法,可以更加清楚地了解农民的需求,更有效地协助农民解决现实中的问题。协调者和合作者的角色定位让社会工作者更有机会聆听农民的心声,更贴切地了解到农民的真实需求。优势视角和系统理论有助于发掘农民的优势和资源,发挥主动性和积极性,有利于可持续发展。专业的工作方法是以农民为核心,以社区为基础,以小组工作和个案工作为支持,为农民提供实质性的帮助。

因此,农村居民是否需要社会工作的专业服务?农村社区是否能够开展专业社会工作服务?社会工作服务理念与方法能否满足农村社区居民的需要?对于这些问题,本案例都给予了肯定的回答。

四、个案工作的实施原则和介入技巧

这部分内容主要介绍个案工作介入过程中的原则、技巧以及个案工作在专业关系处理中的重难点问题。涉及的内容、技巧都是较为细致实用的,在社会工作方法的使用和介入过程中都需要注意。

(一) 个案工作的实施原则

在个案工作的介入过程中,社会工作者需要守住相应的个案实施原则,才能更好地维持和案主的良性专业关系,以便顺利开展工作。不同的专家学者都对此进行了提炼,其中较为重要的几点是个别化、接纳、沟通、案主自决、保密、工作者自我控制等。以下将对这些原则进行简要的介绍。

1. 个别化

个别化原则实际上就是注重个体差异的原则。本原则注重案主在生理、心理和社会环境等方面的独特性。每个案主遭遇的困境和问题都有很大的差异,对问题的解决也有自己的想法和观点,因此社会工作者也应当采取不同的方法和举措来为案主纾困。

2. 接纳

接纳的原则要求将每一位案主视为有价值的、独立的个体，并且承认其具有独特的个性、特征、态度、观念以及行为等。接纳指的是客观的、中性的态度取向，既不等同于赞同，也不等同于反对。在这样的情境下，案主能够自如、适宜地表达自己内心的真实想法，而不必因社会工作者的情绪和态度有所顾虑和保留，这样就更加有利于社会工作者判断和确定案主的问题所在，以便更好地处理问题。

3. 沟通

有效沟通原则在个案服务过程中至关重要，这一原则要求社会工作者在和案主进行交流沟通的过程中要尽量理解案主所表达的意思，帮助案主深入了解自己的想法和情绪。为此，我国港台地区学者提出"同理的沟通"这一原则。所谓"同理的沟通"指的是敏感精确地理解探索案主内心的真实感受，使用语言去反馈对这种感受的理解，来真正分享案主的经验和感受。由此可见，同理的沟通对培养及维护助人关系非常重要。[1]

4. 案主自决

每个人都有自我决定的能力，社会脆弱人群也不例外，因此社会工作者同样要尊重案主的自我决定权。即便案主否定自我、逃避或者推脱自我决定的权利，社会工作者也应当以鼓励支持的态度引导案主进行自我决定。在此过程中，要引领案主参与整个问题的剖析，以至最终改善整个过程，而社会工作者所做的应当是协助、提示、劝导等工作。坚持这一原则可以避免案主依赖心理的形成，培养案主的独立性。

5. 保密

承诺为案主保密是建立初步关系的第一步也是重要的一步。该原则要求社会工作者要尊重案主的隐私权，对获得的资料和信息进行保

---

[1] 林万亿.当代社会工作：理论与方法[M].台北：五南图书出版有限公司，2002：295-304.

密。即使案主未提出保密隐私的需求,社会工作者也应当遵守保密原则。保密原则的主要内容包括:不向他人透露案主的姓名和资料;不向他人提及会谈的过程与内容;在会谈过程中只有案主和社会工作者二人,不允许他人参与或旁观;避免不同的案主在约谈时碰面等。但是保密原则同样有例外,例如当需要将疑难案例和同事进行探讨时,可以征得案主的同意,但倘若案主提供了违法犯罪的资料以及案主本人有自杀倾向时,可以不必征求其意见。

6. 工作者自我控制

社会工作者在助人的过程中应当始终运用其"专业自我"来开展工作,避免将个人的偏见、冲动等态度流露在助人过程之中,从而顺利地协助案主自我成长和发展。

(二)个案工作的介入技巧

在个案工作开展的过程中涉及许多技术、技巧的灵活使用,本段内容主要介绍的技巧包括个案会谈、家庭访谈以及个案记录的相关技巧,供大家参考和借鉴。

1. 个案会谈

个案会谈是社会工作者和案主之间怀揣某种专业目的而进行的专业谈话,和一般谈话既有联系也有区别。个案会谈更加具有目的性,其谈话的时间、地点、内容、方式都是经过周密选择和设计的。个案会谈并非娱乐活动,但是为了使得会谈氛围更加活跃,有时可以融入少量幽默诙谐的话题。

按照类型划分,个案会谈可分为收集资料会谈、分析诊断会谈和治疗服务会谈三大类。其中收集资料会谈的目的在于收集和案主有关的个人资料和社会背景资料,以此作为分析诊断的依据。分析诊断会谈主要针对案主的问题进行客观合理的评判,通过收集资料会谈得来的资料(其中就包括了案主的需求和困境等要素),可以更加自然地进入分析诊断会谈。最后,治疗服务会谈以促进案主的改变和调适为目的,在收集资料会谈的时候其实就已经开始了,而作为完整的介入程序,治疗服务会谈则是在服务计划制订之后进行。

2. 家庭访谈

个案会谈的地点可以根据实际情况在不同的地方开展,但是一般来说,个案会谈的地点会选择在社会工作机构和案主家中进行。家庭访谈顾名思义就是社会工作者在案主家中进行的会谈,其功能在于证实案主提供材料的真实性,并实际了解案主的家庭环境以及社会关系,以利于社会工作者全面掌握案主的资料,从而对案主的问题作出准确的分析、诊断,进而协助案主解决问题。一般情况下,要以同案主个案会谈所收集到的资料为主,但出现以下所列举的几种情况时,需要进行家庭访谈:(1)对案主陈述的可靠性有疑问时;(2)认为案主的问题源于原生家庭;(3)案主有疾病不方便出行时;(4)为解决紧急问题需要案主家庭配合时;(5)案主年龄尚幼,需监护人参与时。

3. 个案记录

个案记录指的是社会工作者与案主接触、了解并诊断案主问题及协助其解决问题的整个过程的记载。记录的内容主要包括:案主基本的资料,如姓名、年龄、性别等,以及在个案会谈过程中呈现出的问题、案主的相关表现和感受。再者,社会工作者对案主在会谈过程中的问题分析和解决策略同样需要进行记载以便后期进行个案的整理和回顾,为今后类似的服务案例提供更加有针对性的参考。

第二节 小组工作方法

一、小组工作概述

(一)小组工作含义

小组工作是一种专门的社会工作方法,它通过社会工作者的协助与小组成员的互动互助,使参加小组的个人获得行为的改变、社会功能的恢复与发展,并达到小组目标,促进社区与社会发展[①]。

(二)小组工作特点

小组是由组员和社会工作者组成的关系体系;小组是在互动过程中产生动力,给组员带来改变的;小组工作既是过程,也是组员改变的方法和手段;小组工作都有明确的目的。

(三)小组工作的功能

小组工作的功能有康复、能力建立、矫正、社会化、预防、社会运动、社会价值这几个功能。(1)康复功能是指针对有问题的组员,帮助其在情绪、行为、态度和价值观等方面恢复到原来状态的过程。(2)能力建立功能是指组员在小组中成长和发展的过程,是一种通过教育和技能培训提升意识和自信心的过程,而不是治疗的过程。(3)矫正功能是指协助违反社会秩序、道德规范或侵犯他人利益的"问题"组员在小组工作中改变的过程。(4)社会化功能是指协助组员学习社会规范和人际关系技巧的过程。(5)预防功能是对可能发生的困难做预测,并提供人们所需要的环境支援。(6)社会运动是指通过鼓励组员参加社会运动,使

---

① 李迎生.社会工作概论[M].3版.北京:中国人民大学出版社,2018:206-207.

个人学会领导、服从、参与、决策等方法，并承担社会责任。（7）社会价值功能是指鼓励组员实现其社会价值，组员通过参加社会活动和组员间的互相帮助，很容易获得一种成就感和自我实现感，借此可以提高组员的自信心，体现组员的社会价值[①]。

（四）小组工作的类型

按小组成员的关系可以划分为初级小组与次级小组；按小组的组成方式可以划分为组成小组和自然小组；按小组工作结构可以划分为正式小组和非正式小组；按组员的参与程度可以划分为自愿小组和非自愿小组；按组员进出的自由程度可以划分为封闭小组和开放小组；按小组工作的目标可以划分为朋辈小组、教育小组、服务小组、兴趣小组、成长小组、治疗小组、自助或互助小组[②]。

（五）小组工作的原则

小组工作实施的原则是从前人开展小组工作的实际经验中逐步积累并通过社会工作专业学者的研究提炼出来的，它来自实际，并为今后实际开展小组工作提供理论上的指导。学者李迎生认为可将小组工作实施的原则归纳为目标明确化原则、计划原则、接纳原则、个别化原则、建立专业关系原则、引导小组互动原则、小组自决原则、循序渐进原则[③]。

二、小组工作的理论基础与主要模式

（一）小组工作的理论基础

1. 心理学理论

心理学理论运用得最多的是精神分析理论。弗洛伊德认为成年人的问题源于儿童期未解决的心理冲突，这类冲突或许是某些需要没有得

---

① 刘梦.小组工作[M].2版.北京：高等教育出版社,2013：4-6.
② 李迎生.社会工作概论[M].3版.北京：中国人民大学出版社,2018：207-211.
③ 李迎生.社会工作概论[M].3版.北京：中国人民大学出版社,2018：224-226.

到满足,或是经历了心理创伤。精神分析理论运用于小组工作时,主要以个人工作为焦点。个人通过群体性交往互动的小组实践过程,可以建立或改善处理个人关系的技巧、解决问题和适应环境的能力,并增强自信心。

2. 小组动力学理论

小组动力是描述小组在实现目标的过程中,参与小组生命发展的各种复杂力量及其相互作用、交互方式。这个过程包括小组的形成、启动、发展、成熟、落幕、结束、跟进等所有过程。

3. 社会学习理论

班杜拉的社会学习理论建立在行为主义理论上,行为主义关注的核心是人类行为的学习过程,此处的行为不仅包括外显的可被观察的行为,也包括认知、情感反映方式等的内心过程,强调人类行为的习得性,即教育和环境的重要性。其社会学习理论主要内容:观察学习和模仿、替代性强化、认知的重要性、交互决定论。

4. 系统理论

系统理论把小组看作是由不同的互动因素组成的系统。按照帕森斯所述,小组是一个由许多相互依赖的成员(组员)组成的社会系统。成员(组员)是小组系统的一部分,在一种不断变化的社会环境中,这个小组系统作为一个有机的整体运行时,试图保持一定的秩序和一种稳定的平衡[①]。

(二)小组工作的主要模式

1. 社会目标模式

社会目标模式的小组是通过一系列社会目标的实现,培养组员的社会意识和社会责任感,推动社会变迁。该模式的主要论据是小组或者组员找出小组的共同目标,并根据目标付诸社会行动,组员就能实现自我

---

① 王思斌.社会工作概论[M].3版.北京:高等教育出版社,2014:121-122.

完善和发展。社会目标模式的小组工作被社区工作所采用,成为社区发展的一个重要手段。其总目标是培养小组成员的社区归属感,实现社会整合。其理论基础是参与意识提升和赋权,以及系统功能理论。

社会目标模式下的小组成员可以是社会上的所有公民,特别是要鼓励那些社会弱势群体、边缘群体参与。社会工作者与小组成员一路同行,但又扮演着一个可变的角色。在小组工作开始和结束阶段可能是倡导者或引导者;在小组工作中间阶段可能是使能者、资源提供者或榜样。

这种模式的优势:符合社会工作原初追求社会公正和社会关怀的理想,它将个人的问题与其所处的社会环境或社会结构(社会制度)联系起来,强调个人问题的解决与社会结构问题的解决相关联;通过小组工作发展社区组织,通过社区组织进行社区教育,以此提升民众的意识,达到社区赋权的目的。

这种模式的不足:过分依赖意识形态,使它的理论基础薄弱,缺乏系统性;过分注重组织的力量,忽视了个人的独特需要,缺乏对个人动力的认识,解决群体需要优于解决个人问题。

2. 互惠模式

互惠模式又称互动模式或调解模式,主张者是施瓦茨。他认为在助人的过程中应该强调个人与社会的关系。互惠模式的理论基础是系统理论和场域理论,互动和沟通理论也对此模式有影响。它主要关注子系统和整体系统的关系,而不是小组成员个人本身,同时它也关注小组成员彼此的沟通和互动。此模式是基于人与环境的关系和人际关系而实施的。在整个过程中,个人一直被塑造,同时也一直在塑造别人。为了使小组成员在社会归属和互相依存中得到满足,要在小组成员之间、小组之间和有关的社会系统之间,达到互助和开放。

组员在小组中达成共同的目标,分享和追求共同决策,个人在小组中具有互惠的动机和能力,通过组员之间的联系达成共识,获得帮助。此模式下组员是处于平等地位的个人。此模式下的社会工作者的角色是小组成员之间以及小组与社会之间的协调者。

这种模式的优势:注重组员的潜能和互助系统,突出了社会工作助人自助的信念;小组的目标来自组员互动和讨论,有利于组员发挥能动性,并培养自决意识;组员自主介入策略去解决面临的问题,防止外界的价值干预。

这种模式的不足:互惠模式对小组中的个人期望和个别化的关注是不够的,对组员个人改变程度的评估也是不足的;社会工作者在小组中的权力不足。

3. 治疗模式

治疗模式也称作预防与康复模型,是以治疗个人作为小组工作的任务,同时也提供个人的预防和康复的一种干预方式。它是社会工作的一大传统,即提供服务给有不同需要的人。该模式最早源于精神医学和心理学,社会学的社会化和再社会化理论对于小组治疗模式的影响也在日渐深入。主要分为精神分析小组、阿德勒式小组、心理剧小组、行为治疗小组、完型治疗小组、交流分析小组、案主中心小组、理性情绪治疗小组、现实疗法小组。治疗模式能帮助个人通过小组达到心理、社会与文化的适应。

治疗模式小组的组员通常是有较严重的情绪问题、行为障碍、人格问题、精神异常或者有社会偏差行为的人。从事小组治疗的社会工作者通常是临床心理学家、精神医学家或临床社会工作者。采用不同理论取向的社会工作者在小组中具有不同的功能。

这种模式的优势:治疗模式是社会工作的传统之一,已经建立了其丰富的治疗体系。

这种模式的不足:由于传统上治疗模式不太注重组员的互助系统,强调治疗"小组中的个人",强调"医患关系",而非平等的合作关系,因此,在某种程度上限制了组员的潜能和能动性的发挥。

案例3-3："朝花夕拾"生命历程回顾小组[①]

一、小组背景

项目以厦门市同安区辖区内女方40岁以上独生子女死亡家庭（女方不在，以男方40岁为准）为目标人群，服务覆盖计生特殊家庭第三代、亲属及邻里，目的是构建计生特殊家庭的社会支持网络。对目标人群进行分类，注重计生特殊家庭情感处理、支持关系建设、政策信息咨询、社区参与、社会关系重建、个人兴趣价值培育等，开展有针对性的个案管理服务，推动建立健全关怀扶助计生特殊家庭社会支持网络。

二、理论依据

理性情绪治疗法：服务对象错误地认为孩子过世之后，自己生前所做的努力在当下全部都化为虚有，因此在生活当中表现为情绪低落，行为消极。社工希望在小组当中传递"所有美好的东西都是自己在当下努力抓住的"。以前是为了孩子而努力创造一个美好的家庭，现在同样需要努力为了身边重要的人创造美好的东西，重视当下拥有的。

三、小组目标

（一）目的：

通过组员对自己生命历程的回顾及晚年愿望的实现，提升组员的自我生命价值和主观能动性。

（二）目标：

1. 每位组员至少能够分享1个生命历程中的片段，并找到其中的价值点。

2. 每位组员至少说出自己1件通过努力抓住身边美好时光的事情。

3. 组员共同制定1个晚年的愿望，并通过努力实现。

[①] 社工中国网."朝花夕拾"生命历程回顾小组案例分享[EB/OL].(2019-10-17)[2021-11-08]. https://mp.weixin.qq.com/s/cIq5HnFcub3sNkaiVIW6bw.

四、小组进程

第一节：闽南文化之旅。参观闽南文化展,感受闽南文化。在活动中介绍小组内容。促进小组组员相互认识,制定小组契约。

第二节：恰同学少年。组员带自己的老物件进行交流,分享儿时及求学之路所立的志向。社工总结并布置作业：找个老朋友叙叙。

第三节：而立之年。聊之前少年立的志向中年如何去完成。布置作业：与同事叙叙旧或者打个电话。分享自己的人生成就,引导组员看到自己的努力成果,提升人生价值感。

第四节：不惑之年。分享自己关心身边的人,发挥自己的能力做了哪些能做的事情。这一节的目的是引导服务对象用平和的心态去看待生活的真谛。

第五节："心"的出发。交流自己人生当中未完成的梦想,谈谈退休后的生活及生活愿望。组员制定出一个可以共同完成的愿望,大家讨论如何去实现。这一节是为组员注入人生新希望。

第六节：圆梦之旅。组员一起完成制定的愿望,分享完成愿望的感受。让服务对象觉得自己还能通过自身能力在晚年创造价值,进而提升自我价值感。

五、小组发展情况及分析

（一）小组初期（第一节）：社会工作者通过带领组员参观古建筑唤醒组员对过往生活的回忆,从而能够引出本小组活动的主题——"朝花夕拾"生命历程回顾。组员们在参观古建筑的时候,不由自主地回忆起自己过往的历程,特别是看到建筑里陈列的一些老物件,三三两两地漫谈起来。当组员参观完之后,社工组织组员在一起分享参观的经历,组员都能够分享得很精彩。有一名组员提到孩子发生不幸之后,她大部分时间都是宅在家里,有时候想找人说话都不知道向谁说,又不愿意出去跟别人讲。现在这个群体能够走出来,聚在一起,说说话,散散步,这个过程令她特别愉快。

(二) 小组中期(第二、三、四节)：这三节小组活动主要是组织组员回顾自己生命历程当中的三个时刻："恰同学少年"的求学之路，"而立之年"的拼搏时刻，"不惑之年"的人生感悟。个别组员在小组第二节活动中回顾自己的求学之路，一开始有些拘谨，社工便让一位平时表现较积极的组员先回答。该组员以一种苦中作乐的方式，向大家讲述自己如何边帮忙做家务边上学，一下子把大家带进那个艰苦奋斗的岁月。之后，组员纷纷踊跃分享自己当时的求学之路。小组第三节活动中，小组当中有一名组员在现场表现得格外沉默，因为他之前的工作和工作成绩不太好。轮到该组员分享的时候，社工引导该组员正面地分享出来。现场的小组同伴对于该组员的分享也表现出了应有的尊重，并对该组员分享的从事的各式各样的杂工表现出很好奇的状态，并专注聆听，这些举动让该组员有了足够的信心，之后能够开放自信地分享起自己的工作经历。

在第四节活动"不惑之年"中，小组刚开始分享的时候，组员还能够在社工的引导下往积极、正向的角度分享，之后到了一名仍处于悲伤情绪中的组员分享时，该组员分享说，当前虽然物质水平提升了，好不容易要享清福了，孩子却发生这样的不幸，引得现场的情绪普遍低落，多名组员纷纷落泪。社工给时间让组员进行自我情绪的调整，让组员之间相互慰藉。之后社工引导一名年长的组员分享一些比较积极的事情。第四节小组活动就在这样带着泪光的笑声中度过了。

(三) 小组后期：为了让组员在提升自我价值感之后发挥自我能动性，社工在小组第五节活动中让组员自主制定一个小组愿望，并通过设计出活动步骤、活动所需物资、注意事项、人员分工。到了第六节小组活动时，组员共同去实现这一愿望。组员的愿望是"故地重游"，他们来到自己以前到过的地方——泉州开元寺，再次领略这座充满着闽南文化的寺庙。到了小组末期，组员表现出较好的自我参与意识和集体意识：一方面组员能够各自发表自己的意见，另一方面能够在有多个意见的时候，制定出一致的愿望。在活动当中，组员也能够根据自己的特长去认领活动任务,并很好地完成了。

六、小组评估

(一)组员出席情况:

单元(节)数	1	2	3	4	5	6	平均值
出席人数	10	9	7	6	8	10	8.3
出席率	100%	90%	70%	60%	80%	100%	83%

小组组员年龄较大,都在50岁以上,最高为80岁,为了避免小组组员疲惫,小组活动一周一次,其间还遇到一次台风,因此推迟了一周。在小组进展过程当中有组员出现生病等突发事情,都会提前跟社工沟通、请假。除了生病和事假外,并无组员无故缺席。

(二)组员满意度:

社工用现场观察和访谈的方式来了解服务对象的满意度。社工在每小节活动开展之前和完成之后,都会对组员进行个别访谈,在小组活动进行的过程当中,社工也会观察在哪些环节组员的注意力更集中,在哪些环节组员易走神,及小组结束后观察哪些茶点组员食用得更多,及时与组员交流,做好调整。

小组在室内的交流分享活动中,组员表达了大家能够聚在一起聊聊过去,喝喝茶,不憋在家里就挺开心的。对于外出活动,组员的热情更为高涨,组员向社工分享:外出散心能够让他们暂时忘掉过去,很开心地沉浸在出游的氛围里。

小组活动最后,社工与组员进行交流并做满意度调查,整体给出的评价都是很满意。

(三)目标达成情况

社工从观察中发现随着小组活动的开展,组员的自信心、主动性在每一节都有提升。特别是在小组后期,在组员自主制定愿望和实现愿望的过程中,组员的自我价值感和自我能动性外显得特别突出。

七、工作人员表现及反思

在"朝花夕拾"生命历程回顾小组中,社工能够从服务对象当前价值感低的需求入手,也能够从单纯地与服务对象进行心理慰藉,转变成为服务对象之间能够相互分享、相互探索自己过往的人生历程,也在过往的经历当中找到自己的人生价值点和生命闪光点。小组在第五节和第六节活动中进行小组提升,发挥出服务对象具备的能力和特长去实现愿望,让服务对象的自我价值和自我能动性展现出来,也让组员们在接下来的生活秩序恢复过程中,有了更多的自信和能量。

在整个小组结束之后,社工回过头重新审视了一遍,从中看到了自己需要改进的点——社工有意地在回避服务对象孩子过世这个他们生命中最重要的环节。在小组活动开展的过程当中也证明孩子过世是他们生命里不可缺失的部分,组员在生命历程回顾中还是多次谈及,既然避免不了,在小组开展过程当中社工就应该去面对,如果一开始就把这一环节设计在里面,会让整个小组活动的成效有进一步的提升。

4. 发展性模式

该模式关注个人的社会功能性,而非病理因素,重视自我实现,而非治疗过程。通过小组的归属感,为组员提供支持,发掘其内在能力,提高其自尊,增强其决策的能力和对自己生活负责的能力。

理论基础有发展心理学、社会关系和社会结构理论、小组动力学。

发展性小组模式适合在各种人群中运用,它既可以是救助性的——帮助一些缺乏信心或社会适应有问题者,培养他们的自信心,协助个人成长,从而适应社会变化;它又可以是锦上添花型的——为个人、群体和社区进一步发展提供空间和可能性。社会工作者的主要任务就是帮助小组选择、完成小组的特定任务,从而实现其整体目标。

这种模式的优势:能够广泛运用于不同状况的小组,在这类小组中,组员不会被贴上标签,没有压力。

这种模式的不足:在实践过程中,它强调的是一种成长的信念,而成长本身是一个难以测量的概念,因此缺乏科学性。

(三)相关的小组工作模式

1. 过程模式

过程模式认为小组的发展有可以被清楚表明的阶段,强调时间、过程和发展阶段,以及小组成员与发展的关系。

2. 行为模式

行为模式以行为理论为基础,以对个人的治疗工作为工作的焦点,鼓励小组成员与小组中其他人员有直接接触,社会工作者借助行为修正的技巧给予直接的干预和指导。

3. 任务中心模式

即将个案工作中的任务中心模式在小组工作中运用。它与治疗模式有相近之处,如关注个人的问题,但同时更关注社会工作中的目标,为实现社会工作的目标,在小组工作中的不同阶段它会采用不同的治疗手段[①]。

三、小组工作的过程

(一)小组的筹备与构成

1. 小组的筹备

小组成立前的工作准备阶段称为小组的筹备,相当于瑞德所说的概念形成期。小组成立前的工作有人称之为计划目标和接案工作,有人称之为酝酿和计划阶段。此时社会工作者是初级角色,处于中心位置,扮演着基本角色,处理各种大小事务。包括:(1)需求评估和目标确定;(2)小组组员的选择。

2. 小组的构成

小组的内部结构,指构成小组的各要素及其各个要素的功能和作

---

① 刘梦.小组工作[M].2版.北京:高等教育出版社,2013:51-70.

用,包括小组、成员、社会工作者、目标、协议、活动节目。

小组的外部结构要素指影响小组发展的要素及其各个要素的功能和作用,包括机构、规模、时间、空间[①]。

(二) 小组计划书的撰写

在开组前撰写小组计划书是非常必要的。小组计划书需要得到机构的支持和批准,并且还要得到资金的支持。撰写小组计划书还能够使小组工作者对小组理念、理论框架、目的等有清晰的认识,能够帮助小组工作者对每一节的小组活动做好准备。计划书还是一个小组工作的程序设计,工作者可以清晰地知道工作的程序安排和每一个工作阶段的活动节目安排。一个完善的计划书设计也可以为小组评估奠定基础。

小组计划书应该包括:

1. 理念的阐述:机构的背景,设计小组的原因,小组的理论、概念架构。

2. 目标。

3. 小组组员:特征、年龄、性别、教育背景,需要解决的问题。

4. 小组的特征:性质(短期、长期)、持续时间规模、组合、聚会频率、聚会的时间(上午、下午)。

5. 明确的目的。

6. 初拟的程序计划和日程:每次聚会的计划草案、程序活动,日期、时间、每次聚会的地点、活动的具体目的,社会工作者的责任,活动的准备,所需器材,每次聚会所需的资金。

7. 招募计划:按照机构的规则定下小组建立的程序、小组组员的来源,宣传、招募的方法,招募时间等。

8. 需要的资源(除资金外):器材、地点和设备、人力资源、特别项目、有关人员。

---

① 刘梦.小组工作[M].2版.北京:高等教育出版社,2013:120-133.

9. 预料中的问题和应变计划：小组组员的问题、小组社会工作者或机构的问题、其他来源的问题。

10. 预算：程序、器材、交通等费用的总和。

11. 评估方法：评估的范围、评估的方法[①]。

案例 3-4：小组计划书示例

小组名称：环保小卫士

理念：

随着经济的发展，环境问题已经成为人们急需解决的问题。比如近来各个地区都发生了不同程度的雾霾。雾霾是特定气候条件与人类活动相互作用的结果。雾霾对人的呼吸系统、心血管系统有一定危害。保护环境迫在眉睫。

在我们的观察中，中学生的环境保护意识不够强，有关环境的知识仅仅来自课本。此外，他们的家庭成员一般也不太重视对孩子保护环境意识的教育，社会环保力度也不够大，由于学业任务重学校也比较不重视这方面的教育。因此，中学生对保护环境的意识较为薄弱。

环境保护活动在中学开展较少，各地的措施有所不同。中学生在学校以学习为主要目标。学校安排学生值日，但是学生在值日时只把值日当成一项任务，没有形成保护校园环境的意识。只有在领导或者其他学外人员来访时，中学才会重视校园环境，因此让中学生真正增强环境保护意识比较困难，可能会出现某些学生不以为意、不配合的情况。

中学生对新事物抱有好奇心，要提高环境保护意识，学校、家庭和社会都应采取措施。学校应该开设有关环境的课程，定时开展清扫校园活动，以提高学生保护校园环境的意识。家人应让孩子分担一些家务，使中学生养成好习惯。社会上应多宣传环境保护的理念，健全卫生设施，

---

① 刘梦.小组工作[M].2版.北京：高等教育出版社，2013：129-145.

鼓励人们多做有利于环境的事。

这个小组会先让中学生了解到环保的重要性,然后开始让中学生留意自己平时的行为。社会工作者会让中学生观看一些视频,并开展主题活动,让中学生深入参与,最后通过实践加深印象,使中学生逐渐重视环保,通过观察与模仿真正从行为上保护环境。在此期间,可借助学校老师的安排,使中学生充分参加活动。并开展趣味性环节,活跃活动气氛。

理论架构:

小组活动对象主要是初二学生。首先心理学家班杜拉的行为主义理论认为,行为具有可行性,强调人的行为、思想、情感反应方式不仅受直接经验的影响,还受间接经验的影响。行为与环境具有交互作用,观察和模仿是学习的重要过程。中学生具备一定学习能力,他们可以通过观看视频,产生环保意识,并通过实践直接学习到如何保护环境。如果年龄设定再小的话,学生可能不符合参加活动的能力要求,学习能力也有限。如果年龄设定再大一点,学生可能拥有自己的惯性思维而不配合活动。所以组员设定为初二学生。

目标及目的:

1. 提高学生的环境保护意识,改掉乱扔垃圾等行为,从小事上保护环境。

2. 在活动过程中使中学生了解保护环境的意义。

3. 学会如何通过自己的行为来为保护环境,为环境保护贡献一分力量。

服务对象:

初二学生

小组特征:

1. 性质:意识提升小组;

2. 节数:4节;

3. 日期:20××年×月×日至×日;

4. 时间:上午八点至十一点;

5. 地点:该学校及学校附近街道;

6. 人数:30。

招募方法:

1. 于校园内张贴海报。

2. 邀请学校老师将活动传达给招募对象。

3. 于校园内宣传招募对象。

每节活动计划:

第一节:

个别活动时间	地点	目标	内容	所需物资
10分钟	教室	让学生对社会工作者有所了解	社会工作者趣味性自我介绍(姓名及在组中的角色)	—
15分钟		让30名学生互相了解后,进行自我意愿分组(每组5人)	学生们进行自我介绍,并自愿组成小组	—
30分钟		*深化组员之间的认识 *激发组员参与活动的热情 *使组员初步了解小组合作	游戏——猜词 玩法:社会工作者分发准备好的写有成语或者歇后语的纸。小组成员相互配合,用肢体语言表述词语或歇后语,让其他组成员猜(每组限时7分钟,剩余时间自由发表感想)	事先准备好的纸10张、记录本7本、笔7支
20分钟		使组员通过了解社会工作者的经历加深对小组工作的了解	由各社会工作者讲述有关自己在小组工作中的经历与感想	
20分钟		小组成员解答自己的疑惑及感受	小组成员自愿提问并说出感受,社会工作者解惑并记录	记录本7本、笔7支

第二节：

个别活动时间	地点	目标	内容	所需物资
15分钟	教室	观看视频引出主题——保护环境	播放有关环境的视频，并向组员说明活动的主题是保护环境	U盘
20分钟		组员设立自己有关环保的目标	小组成员合作，共同绘画有关环保的海报	50 cm×70 cm的白纸、彩笔18支
25分钟		组员充分交流，为环保实践活动奠定基础	每个小组依次向大家展示自己小组的海报内容，阐述自己的目标	
15分钟		让组员了解目标的不足之处，并明确自己的目标	社会工作者对每组海报进行点评，指出不足。然后鼓励组员，为实践活动预热。社会工作者记录每组目标	记录本7本、笔7支

第三节：

个别活动时间	地点	目标	内容	所需物资
15分钟	教室	使小组成员了解基本的环保知识	社会工作者进行环保知识讲解，分发环保知识内容单页，搭配趣味小剧场引出环保知识，加深印象	环保知识单页37张
20分钟		使小组成员记忆基本环保知识	小组成员对所分发的基本环保知识进行快速记忆	
20分钟		使小组成员加深记忆基本环保知识	进行基本环保知识竞赛，对得分高的组进行奖励	基本环保知识卷子37张，奖品笔若干
20分钟			总结这天活动，社会工作者发表感想并进行再一次的动员	

第四节：

个别活动时间	地点	目标	内容	所需物资
40 分钟	学校附近街道	让组员亲身实践，感受活动意义	组织学生清扫街道，进行垃圾分类	扫帚 10 把 手套 5 双
10 分钟	教室	让组员重温小组内容	与组员分享小组活动内容	—
20 分钟			进行问卷调查	问卷 37 张
10 分钟		合影、告别	与参与活动的成员一起合影，给每个小组发放小礼品，向组员、老师、学校致谢。告别。	小礼品（本子 30 本）

所需人力、物资：

1. 人力：老师 1 名（进行监管）
2. 财政预算：

海报：　　　　　　　　10 元

彩笔、马克笔：　　　　20 元

复印材料：　　　　　　10 元

50 cm×70 cm 白纸：　　5 元

礼品：　　　　　　　　30 元

合计：　　　　　　　　75 元

工作日程：

日期	任务
×月 1 日	制作海报及有关宣传的预备工作
×月 2 日	选择学校，与学校进行商谈
×月 3 日	校园招募参与者
×月 4 日	进行活动前筹备工作，仔细核对活动日程
×月 5 日至 8 日	活动进行
×月 9 日至 10 日	总结，检讨及跟进工作

应变计划：

预计困难	应变办法
所选取学校不同意学生参加活动	进行筛选，并建立宣传网页，发送至不同学校有关人员处 请求学校老师帮忙
组员中途退组	了解组员退组原因，进行思想辅导，安抚其他成员情绪，对小组进行调整

评估方法：

1. 在小组活动前面谈及小组活动最后一节时，组员将被安排完成同一份问卷，以比较他们在参加小组活动前后的沟通模式及技巧是否有改变。

2. 在活动最后一节，收集整理各组的分享和意见。

3. 依据社会工作者在小组进行时的观察与分析评估。

4. 从出席率及参与、投入程度做评估。

5. 通过与组员的倾心交谈，知道他们对小组的感受与意见。

（三）小组工作的程序

1. 前期准备

这个阶段是为实际开展小组社会工作做准备的阶段。在这一阶段，社会工作者的任务包括公布成立小组信息、确定小组的组成人员、全体成员参加首次聚会、确定小组社会工作的目标。

2. 小组形成

在这一阶段，小组成员开始确立角色体系和行为模式，他们对小组的依赖和期待开始形成。此时，社会工作者应充分鼓励组员参与小组活动，协助组员产生对小组的依赖感和归属感，建立小组目标，并发现实现目标的方法和途径。

3. 沟通协调

这一阶段也可称为协调整合期。在这一时期，小组发生整合、分化和再整合。小组形成后,随即进入整合阶段,但整合之后还有可能再度发生分化,如此,再整合便成为一种客观需要。当然,也不是所有的小组都会经历分化现象,有些小组的发展可以比较顺利、平静。

4. 达成目标

小组在不断的分化、整合过程中曲折前进,到了这一阶段,已经能够逐渐表现出其功能并维系小组的运行。由于小组目标的达成,小组成员会产生一种群体感,或者说在组员之间发展出一种内群体的感觉。

5. 结束工作

结束工作也称结案,包括结案前的准备和结案后的追踪等方面的工作。结案之前,社会工作者应适时提醒小组成员做好分离的准备。社会工作者还应在现实中协助小组成员与社区组织和机构建立联系,为组员发现新的资源,以满足组员需要,确保小组社会工作成效的巩固。小组工作结束后,社会工作者应将小组每次活动的记录加以整理,形成工作总结[1]。

四、小组工作的实践与反思

与个案工作和社区工作相比,小组工作能够营造一种团体的氛围而又不显得冗杂。小组工作中,首先,小组的形成使得相似的服务对象聚集在一起,他们可以有一定程度的共鸣,交流也比较容易;其次,小组中往往可以形成"榜样效应",如果存在小组的榜样,那么小组其他成员会不自觉受其影响;最后,小组的类型与规模注定小组人员数量不会过多,一旦形成了小组凝聚力和团结力,对于小组各个成员的发展、人际交往培养十分有利,当然小组一旦有冲突,很容易造成不良后果。

---

[1] 李迎生.社会工作概论[M].3版.北京:中国人民大学出版社,2018:217-223.

案例3-5：做称职愉悦的父母[①]
——亲职教育家长小组案例

一、案例背景

在湖里区青少年权益中心开展"亲职教育家长课堂"期间，很多家长提出与处于青春期的孩子沟通交流不畅、关系脆弱，常常因为自己或者孩子的情绪管理不良导致冲突发生，希望学习相关技巧，改变自己、改善亲子关系，为此计划开展"亲职教育学习小组"，帮助具有共同需求和意愿的家长进一步学习和成长。

二、活动理论

(1) 人本主义（罗杰斯理论）：真诚的情感表达、对别人表示接纳是帮助被接纳者成长、发展、做建设性改变、学习解决困难、迈向心理健康、变得更有创造力更有作为与实现其全部潜能的重要因素。

(2) 社会学习（班杜拉理论）：人的多数行为可以依靠观察别人的行为和行为的结果而学得和掌握，要重视榜样的作用，强调可以通过设立目标、自我评价，从而引发动机功能来自我调节行为，主张建立一个人对自己应付各种情境能力的自信程度来提升人的能动作用。

(3) 团体治疗（欧文亚隆理论）：小组成员通过利他提升自尊，组员了解到自己不是唯一受问题困扰的人，会有"同舟共济"感，组员表达感受、宣泄情绪而缓解痛苦，组员之间通过信息传递和模仿行为进行人际学习，组员从其他组员身上获得鼓舞和希望，不断地认识到生命需要自我负责等。

三、活动目标

(1) 通过心理学理论知识的培训和亲子关系相关心理拓展训练，帮助服务对象觉察自我、理解孩子、重塑关系；

[①] 林琳,吴富春.做称职愉悦的父母：亲职教育家长小组案例分析[EB/OL].(2020-02-08)[2021-10-28]. https://mp.weixin.qq.com/s/OH03tywx2pIJuwM_IgZ18A.

(2)服务对象之间形成真诚分享、互相帮助的氛围,并在小组活动结束后继续保持相互激励与支持的关系。

四、活动程序

第一/二节主题:父母是人不是神

流程	内容	目标	物资
破冰	"123,同学好"活动	消除陌生感,进而建立团体规则,形成工作同盟。通过真诚分享,了解成员在各自的亲职教育中的具体困难、觉察养育过程中自我挫败的情绪和信念,同时,发现亲子互动中的愉悦之处,强化亲子之间的情感连接	人手一支签字笔、一张A4纸,笔记本电脑与投影设备,条幅
讲解	本次活动的缘起、流程安排、内容和设置、期待等		
活动	绘画,用一棵树代表过去、现在和未来的自己和孩子		
分享	绘画过程中的感受、亲职教育中的幸福与烦恼		
课后	布置亲子观察任务		

第三/四节主题:读懂你的孩子

流程	内容	目标	物资
衔接	分享与孩子的互动细节	促进成员之间更加紧密的联系,启动社会模仿学习。讲解不同年龄阶段的心理品质发展任务、大脑发育特点、厌学和成瘾特征分析,帮助成员澄清亲职教育中的误区。重新发现孩子的优势和自己做得好的地方,为之后做好亲职教育树立信心	人手一支签字笔、一张A4纸,笔记本电脑与投影设备,条幅,课后学习单
讲解	不同年龄阶段的心理品质发展任务、青春期发展特点、主要"问题"行为的成因和表现		
活动	绘画,画出自己的孩子,要求对特点和优势用夸大的方式表达		
分享	绘画过程中的感受、对孩子的问题的深层探讨和发现		
讨论	父母的情绪和价值观如何影响孩子		
课后	发放学习单		

第五/六节主题：家是爱的容器

流程	内容	目标	物资
衔接	近一周来与孩子的互动情况、改变之处	讲解青春期性心理发展的特点、家庭关系对青春期的影响、父亲和母亲需要承担的不同功能。觉察亲子沟通的模式，探索家庭系统中的相互关系，以及对于孩子成长的影响，帮助成员觉察和改变。促进组员之间的共情、支持、鼓励的同盟关系	人手一支签字笔、一张A4纸，笔记本电脑与投影设备，条幅，课后学习单，活动反馈表
讲解	青春期性心理发展的特点，以及父母各自应该行使的功能和必要的边界，不同沟通模式及背后的情感和期待		
活动	"我要，我不给"的角色扮演；绘画"家庭水族箱"		
分享	过程中的感受、情绪、期待等		
讨论	如何引入和运用资源		
课后	发放学习单		

五、服务计划实施过程

（一）准备阶段

主要工作为甄选小组服务对象和确定小组主题。在"亲职课堂"开课期间，对参与的家长通过"亲职教育家长小组需求调查表"了解其具体需求，同时，面向个案家长开放，进行宣传招募，针对小组招募条件进行甄选和评估。通过前期的个别会谈和对小组的预估，确定6名服务对象，进而确定小组形式、内容、时间等细节。

（二）开始阶段

小组初期，在破冰活动中，服务对象从打招呼开始，练习人际沟通的不同方式，感受被接纳的愉悦，快速形成团体氛围。之后，社会工作者讲解本次活动的缘起、流程安排、内容和设置、期待等，让服务对象了解小组规划，建立安全、信任关系。随后，通过"现实自我和愿景自我"主题绘画活动，服务对象觉察到自己的优点和期望，明确了三年或五年的目标愿景，并以此引发成长动力。通过绘画分享，服务对象逐渐打开心扉，自然地交流了各自在亲职教育中的具体困难，也加深了对其他小组成员的信任。

接着,小组进入第二节,主题为"记忆中与孩子相处最愉悦的时刻"的绘画活动。在亲子关系议题中,服务对象看到自己的问题和孩子的问题有关联也有边界,每个人都有自己的发展任务。通过社会工作者对组员绘画中呈现的重点问题给予澄清,并引导其他组员为分享者提供新的视角,小组成员形成较好的真诚交流的氛围,小组凝聚力初步产生。

(三)转折阶段

小组活动第二节末,在绘画分享中小组成员发现彼此的"亲子故事"有所类同,其中一位组员主动提出要将自己15年来为孩子所整理的"成长日记"提供给另一个爸爸参考。社会工作者引导服务对象将多年来为孩子做的事情进行回顾并列出书面清单,在下一次小组活动时进行移交。由此小组进入转折阶段。

小组第三节,"成长清单"的移交体现了组员之间实质性的互助,为其他组员提供了一种可资效仿的方式。通过"移交"的形式,服务对象接受孩子已经成长的事实,完成与孩子的"分离"。

通过绘画自己的孩子,并在社会工作者的引导下用夸大的方式表达孩子的特点和优势,服务对象重新发现孩子的优点,意识到自己需要用新的眼光看待成长中的孩子。

此阶段,小组成员之间的连接更加紧密,主动分享学习成果,相互参照。社会工作者注重对服务对象进行赞赏,显化其在孩子成长过程中的努力和成果。

(四)成熟阶段

小组后期,社会工作者带领服务对象进行角色扮演,服务对象觉察到自己在面对孩子时的情绪情感,感受到孩子在与自己面对面时的情绪情感,意识到不良的沟通模式需要改变。

接着,服务对象学习青春期性心理发展特点等理论知识,并对照理论反思自己的行为和孩子的表现,认识到父母对子女成长具有各自应该行使的功能和必要的边界,认识到孩子正在经历的关键期非常需要同性别父母的重点参与,纷纷提出要在课后与另一半做专门沟通。

在"家庭水族箱"绘画活动中,服务对象发现自身所在的家庭系统中对孩子成长和亲子关系带来影响的动力、阻力,也从其他小组成员的家庭系统中获得启示,看到自己的潜在资源。

随着社会工作者的进一步引导,服务对象觉察到自己的期待以及可以改变的地方,并相互鼓励,承诺行动。

(五)结束阶段

小组后期,成员回顾小组活动过程及学习内容,反思自我成长收获,对自己未来需要改进的地方有了目标和行动计划。

在此后的一周,服务对象在微信群发表感想,将小组所学结合生活实际,加深对亲职教育的理解,承诺行为上的改变,服务对象之间自发进行线上互动,初步形成成长同盟。

六、评估

(一)服务对象的参与度与投入度

最终确定小组成员五名。五名组员的出席率分别为 33.3%、100%、100%、100%、66.7%,其中有 3 个服务对象全勤。

通过观察员记录、个别访谈等方式,可以看出:服务对象参与积极性较高,通常会提前到场和推迟离场,协助场地布置和清理;在小组活动过程中全程参与,积极倾听,主动发言,分享经验,相互鼓励,情绪得到了疏解,问题得到了澄清;小组成员之间形成良好的连接,共同推动形成真诚、温暖的小组氛围。

(二)服务对象成长和改变

小组服务对象填写了"亲职教育家长小组反馈表",对于小组的内容设置、活动组织,以及自己通过本次小组学习掌握到的亲职教育知识技能等给予反馈。其中,对心理知识和亲子沟通技巧的掌握在 4 分以上(5 分制),对于今后做好亲职教育的方向感和自信心在 4 分以上(5 分制),所有的组员均认为活动中感觉很安全、很温暖,并且希望有机会继续参加此类活动。

七、专业反思

本次小组较好地贯彻了民主原则、互助原则、增能原则、个别化原则、差别化原则,运用了互惠模式、治疗模式、发展模式。能够在小组前期设定好一个开放、共享又有边界、保护的小组基调;社会工作者注重通过自身行为、演示行为供服务对象效仿;在服务对象模糊不清的陈述中给予澄清,使其能更详细、更清楚、更准确地表达;会催化服务对象之间的直接互动,关注到服务对象内在的相似性,进行有效的连接。

第三节 社区工作方法

社会工作作为一门专业的学科,除了个案、小组的专业介入方法外,社区工作也是成效显著的一种专业介入手法,尤其在社会主要矛盾转变的今天。目前我国社会的主要矛盾已经转变为人民日益增长的美好生活需要同当前不充分不平衡的发展之间的矛盾,各种矛盾复杂交织在一起。诸多社会问题、社区居民日益增长的社区服务需求,对社区工作和社区工作者都提出了更高的、更具挑战性的要求。

一、社区的概念

在我国,"社区"并没有被定下一个统一的概念,而是受到西方文化的影响。"社区"一词最早是由德国社会思想家滕尼斯提出的,在他看来,社区不仅仅是社区,也是一种共同体,大家既有某种地缘关系,也形成了某种文化特征。经过对多名学者社会概念的比较,可以看出社区是一个动态化的概念,不同时期的社区有不同的意义和功能,社区是随着一个国家的经济、社会、文明的进步而不断丰盈和发展的。因此,我们可以将社区定义为在一定地域范围内,由一定数量居民组成的具有内在互动关系和文化维系力的地域性生活共同体;地域、人口、组织、结构和文化是社区构成的基本要素。

二、中国城市社区工作的发展历程、含义、功能

(一)中国城市社区工作的发展历程

1. 20世纪20年代乡村建设运动

中国的社区工作最先起源于梁漱溟的乡村建设运动。乡村建设的行动起点就是在农村推行政教合一的新型农村自治组织——乡农学校。这种组织结合了中西文化的长处,把"科学技术"与"团体组织"引进了农村;在社会方面,可以克服很多农村社会的腐败和陋习,把农民带入一种文明的新生活中;在经济上,可以通过互助合作的方式,利用合作社这种形式改善农村金融流通,引进新技术和新品种;在农业复兴后,农村市场就产生了对工业品的需求,引发了农村工业化,进而实现国家的工业化;在政治方面,农民在乡农学校中学会了民主的习惯,实现了地方自治,为国家的民主政治打下了坚实的基础。这样一来,"以建设完成革命,以进步达到平等"的乡村建设运动的目标就实现了。

2. 20世纪80年代社区服务

20世纪80年代,中国的社区工作常被称为社区服务。社区服务的定义是指在特定的区域内,在政府的指导和资助下,依靠街道办事处和居民委员会有组织、有秩序地动员社会各方面力量,为居民开展各种福利服务,特别是向有困难的群众和家庭提供各种服务。

3. 20世纪90年代社区建设

当时,城市基层政权和基层组织职能弱化,难以承担教育市民、提高市民素质的任务,因此在社会转型和经济快速发展的背景下,政府需要改变传统的思维方式和管理模式,于是提出了"社区建设"的工作思路。社区建设是指在党和政府的领导下,依靠社区力量,利用社区资源,强化社区功能,解决社区问题,促进社区政治、经济、文化、环境协调和健康发

展,不断提高社区成员生活水平和生活质量的过程。

4. 21世纪社区治理创新

21世纪的社会治理创新重点在基层。基层是一个地域的概念,更是一个国家治理层级的概念。基层社会治理是指在党的领导下,运用包括政府在内的多种力量向基层辖区居民提供民生保障、公共服务、利益协调、矛盾纠纷化解,创造平安和谐舒适生活环境的活动。

基层社会治理与基层政府治理既有联系也有区别,共同点都是对基层公共事务的治理,不同点在于治理主体和治理对象有所差异。基层社会治理的主体强调的是社会力量,基层政府治理的主体是政府。基层社会治理需要政府的支持和引导,但更多强调的是社会力量的参与,而不是政府直接治理,更不是包办代替。从治理对象看,基层政府治理主要涉及政府职能范围内的事项,而基层社会治理主要是社会领域的事务,两者有交叉但侧重点不同。因此,基层社会治理具有很强的社会性和自治性,需要在党组织领导下实行自治、法治、德治相结合。

基层社会治理的特点是直接面对群众,事务琐碎复杂甚至艰巨繁重,是社会治理的基础和重心。基层社会既为人们生产生活提供地域空间,也为社会治理提供基础单元,人们的衣食住行、生老病死、文化娱乐等都发生在这里。随着城镇化和市场化深入推进,城乡人员流动、职住分离、各种利益关联交汇、多种服务需求旺盛,以党政机关和各类企事业单位为基础的社会治理模式很难适应社会发展的要求,城乡基层自然成为人们居家生活、公共服务的最基础平台,成为社会交往、利益关联的最前沿阵地,成为社会问题和社会矛盾预防化解的最源头防线。

基层社会治理是社会治理的重心,而社区又是基层社会治理的重点。改革开放以前,我国社会组织的方式和社会管理的运行逻辑是"单位制"和自上而下的社会管理。"单位制"在城乡有不同表现形式,城市的"单位制"由各类党政机关和企事业单位构成,同时,还有一部分没有正式单位的城市居民通过街道和居民委员会(即街居制)组织起来;农村居民则通过"三级所有、队为基础"的人民公社组织起来。人民公社本质上也是"单位"。因此,计划经济时期,社会管理是通过"国家—单位—个人"实施的,个人与国家的联系通过"单位"实现。这种社会成员的组织和管理模式十分有效有序,但限制了社会流动,制约了社会活力。改革开放以来,越来越多的人从"单位人"变成"社会人",这些所谓的"社会人"最终要落脚到社区生活,成为"社区人"。在此背景下,应加强社区建设,使社区能够承接传统"单位"中的公共服务和利益协调功能,成为社会治理的主要载体和机制。

社区虽小,但连着千家万户,做好社区工作十分重要。近年来,社区建设和社区治理得到大力加强,各地积极探索社区治理新模式、新方法,并取得重要进展。这次抗击新冠肺炎疫情检验了社区治理建设成效。但在此过程中,也暴露出诸多短板和弱项,如社区建设中"重区轻社",社区治理中"区强社弱"甚至"有区无社",社区成员之间缺少交往交流,缺少相互关心和帮助,缺少社区共同体意识,对社区事务和活动参与不足,对社区的认同感、归属感不强等。在新发展阶段,要更加重视社区建设和治理。习近平总书记指出,"社区是党和政府联系、服务居民群众的'最后一公里',要健全社区管理和服务体制,整合各种资源,增强社区公共服务能力"。

加强社区治理创新:一方面,进一步完善社区治理体制机制。坚持重心下移,完善社区治理模式,充分发挥企业和社会组织的作用,推进网格化服务管理体系建设。另一方面,加强社区共同体建设,增强社区居民共同体意识,增进社区内部凝聚力。建设社区共同体,一要合理确定社区人口规模和服务管理边界,科学规划、建设社区内部物理空间。社区过大不利于居民生活和交往交流,易产生疏离感;社区过小,缺乏足够开放空间,不仅会有拥挤感,而且缺乏自治能力和社会韧性。社区内部物理空间规划要有利于增进共享性,培育社区公共性。二要完善社区内部生活服务保障设施,实现社区内部生活化和便利化,营造生态宜居、方便温馨的居住环境,增强社区的生活性和居民的认同感。引导各类资源、力量等向社区下沉,支持企事业单位在社区建设服务网点,同时利用信息化技术打造智慧社区。三要加强社区组织体系建设,提高社区居民组织化程度。建立健全社区党组织、居(村)民委员会、业主委员会、物业公司、各类兴趣爱好和公益团体,将居民纳入各类组织之中。理顺各类组织的关系,增强社区各类组织的自治能力,防止社区组织行政化和负担过重。四要激发社区内部活力。组织社区居民制定村规民约、居民公约,使其知晓自己的权利义务、言行边界。通过社区宣传栏、文化广场等平台,开展公民道德、家庭伦理、社区意识教育培养,夯实共同体的道德和文化基础。开展社区活动,增进社区居民交往和联系。①

(二)社区工作的内涵

社区工作在我们国家并没有一个统一的界定,它在不同的国家、不同的历史时期,有着不同的内涵和形式。下面是西方学者对社区工作内涵的一些见解。

戈奇丘斯(G. W. Goetschius)于 1974 年提出了一个比较具体的定义,他认为:社区工作是"社会工作的一种方法"和"一个过程",社区工作者在这个过程中促使社区居民"相互协作",运用这个过程以达到有效用和有效率的关系,通过"运用适当的资源去实现居民自己选择的目标"。这个定义开始把社区工作看成是社会工作的一个方法与过程,其闪光点在于提出了居民自决的目标,从而把社区工作与专业性的社会工作联系起来。

罗斯(M. Ross)认为,社区工作既是一个过程也是一种方法,在这个过程中,社区居民需要自己去决定自己的需要和目标,寻找他们所需要的资源,并采取相应的行动,在行动的过程中促进居民之间的互助和实践。

---

① 龚维斌. 加强和创新基层社会治理[N]. 清徐报导,2022-03-30(A3).

邓纳姆(A. Dunham)认为社区工作是一个"有意识的社会接触过程"和社会工作的方法,它包含三个方面的内容:第一,社区应满足社区需要,协调社区资源。第二,促进居民参与,提高社区居民的主人翁意识,解决社区居民的问题。第三,改善社区关系,优化社区内部机制结构。

由此可见,不同的专家学者对社区工作都有不同的见解。结合我国实际,笔者认为,社区工作既是一个过程——促进社区成长发展的过程,也是一种方法——一种帮助社区居民解决问题的方法。并且有广义和狭义之分,广义的社区工作是指为了促进社区福利或社区发展所做的社区活动和社区管理,任何人、党群服务组织、社会组织等都可以参与进来;狭义的社区工作更突出了社区工作是作为社会工作者的一种专业方法而存在的,它是指专业的社会工作机构及社会工作者秉承专业的价值理念,发挥专业技能的一种方法。

三、社区工作者

(一) 社区工作者与社区居委会工作者的区别

社区居委会是城市和农村居民按居住地区设立的居民委员会或者村民委员会,是群众性自治组织,是居民自我管理、自我教育、自我服务的基层群众性自治组织。宪法明确了城市居民委员会的性质,居民委员会不是一级政权组织和行政组织,它是具有一套组织系统的群众性自治组织,是我国城市居民群众在本居住地域内自己管理自己,自己教育自己,自己服务自己的共同管理好本居住地区各项事务的组织,是人民群众直接管理自己事务的组织形式,社区居委会的性质使它既区别于国家政权机关,也区别于其他群众组织和民族自治地方的自治机关。社区居委会工作者有时也被称为"社工",是城市社区居民最常面对的社会工作者。广义的社区工作者是指所有参与社区工作的人员,包括社区党组织和社区居民自治组织成员、职业社区工作者、社区志愿者、社区中介组织成员、社区理论工作者。狭义的社区工作者主要包括社区党组织、居委会专职干部和职业社区工作者。2013年6月12日南京市民政局出台《关于加强社区专职工作者队伍建设的意见》,该意见指出按照社区专职工作者职业化、专业化的发展要求,到"十二五"末建立完善由职业准入制度、教育培训制度、管理考核制度、保障激励制度等构成的社区专职工作者管理制度体系,培养和造就一支政治坚定、业务过硬、作风扎实、结构合理的社区专职工作者队伍。其中,在年龄结构上,形成一支以中青年为主体,老、中、青梯次结构合理的社区专职工作者队伍;在文化结构上,具有大专以上学历的社区专职工作者达到90%以上;在专业结构上,江南八区40%以上、其他区县30%以上的社区专职工作者持有社会工作者职业水平证书。该意见明确了社区专职工作者的主要职责、职业准入、教育培训、管理考核、保障激励等方面的内容。南京市相关政策意见的出台为社区工作者的专业化和职业化提供了有力的保障。

(二)社区工作者的角色

1. 社区工作者在居民自治中的角色

党的十九大报告提出,要推动社会治理重心向基层社区下移,并强调探索创新居民自治有效实现形式是建设社区治理体系的重要方面。社区是社会治理的最后一公里,要想充分发挥好社区在社会治理中的作用,需要政府、社会组织、社区居民的共同协调参与。目前,对社区居民自治的理解,不同的学者有不同的视角。例如,刘建军将其定义为,"以社区公共议题和居民需求为出发点,居民通过民主协商的方式共同参与社区公共事务,借助居民会议、议事会等制度载体,依靠居民公约等形式完善社区治理体系,实现社区公益的行动、过程和结构"。吴宁宁认为,新时期的社区居民自治,是指居民以自身需求为导向,利用社区资源选择适当的自治形式,以平等协商为手段自主管理社区公共事务,实现社区居民公共利益的过程。彭振芳等人则提出,社区自治是指社区组织根据居民集体意愿形成集体选择并依法管理社区事务的过程。我们可以看出社区居民自治是以居民自身需求作为出发点,运用社区内外资源来服务自身的过程。

案例3-6:汇协商,展示社区自治"她"力量
——睿城社区全职妈妈俱乐部协商案例

睿城社区辖区有苏宁睿城、佳和园两个居民小区,总人口3 738户、11 214人,其中女性5 560人。苏宁睿城小区共有16幢高楼,以商品房为主,小区居住人群学历高、收入较高、对社区工作要求高。佳和园小区5幢高楼,均为拆迁安置农民转居民,文化层次参差不齐,但家庭固定资产多,经济条件都比较好,很多女性选择在家做全职妈妈。睿城社区妇联挖掘成员潜质,举办多彩活动,例如成立了专题手工班、"美丽珈人"瑜伽课、幸福家庭工作坊3个服务项目来提高全职妈妈的社会参与感。睿城社区连续开办了两期幸福家庭工作坊——"幸福家庭沟通技巧"主题培训活动,辖区20个家庭报名参与。活动分为理论讲解和感受训练两个部分。许多学员表示,刘霞老师主讲的课程内容充实、针对性很强,自己与爱人、与孩子的沟通方式已有了积极的转变,能够做到倾听对方心声、互谈心中想法,极大改善了经常冷战、不断抱怨的生活状态,受益匪浅。睿城社区帮助全职妈妈们实现自身价值,召开"全职妈妈活动需求征集专题协商会",大家提出了正式成立"全职妈妈俱乐部"的建议,会议商定由耆睿学堂手工班孙秋媛老师担任俱乐部负责人,在日常管理、开展服务、志愿者招募等方面接受南京惠仁社工服务中心的专业指导,努力从"松散型"社团组织成长为"规范化"社会组织,更广泛地团结辖区的全职妈妈,一起学习,共同进步,服务社会。

2. 社区工作者在公共管理服务中的角色

社区公共管理服务主要是通过政府购买的方式进行的,通过发挥市场机制作用,把政府直接提供的一部分公共服务事项以及政府履职所需的服务事项,按照一定的方式和程序,交由具备条件的社会力量和事业

单位承担,并由政府根据合同约定向其支付费用。政府购买服务项目实行"政府采购、合同管理、绩效评价、信息公开"的管理办法。随着服务型政府的加快建设和公共财政体系的不断健全,政府购买公共服务将成为政府提供公共服务的重要方式。在理解政府购买公共服务时需要注意以下三方面内容:第一,政府购买公共服务的主体是政府,不论是一级政府,还是政府相关部门;第二,政府购买公共服务的客体是社会组织与企事业单位,社会组织包括社会团体、民办非企业单位、基金会等,企业包括国有企业、民营企业,事业单位同样也是政府购买公共服务的客体;第三,公共服务不同于私人服务。一般来说,政府购买的服务可以分为两大类:一是政府机构及其工作人员自身消费的服务,二是政府机构及其工作人员为社会所提供的服务。前者属于政府内部的服务,服务对象是政府机构和政府官员自身;后者属于公共服务,服务对象是除政府以外的其他社会机构和公众。政府购买公共服务是政府采购的一部分,遵守《中华人民共和国政府采购法》的相关规定。根据《中华人民共和国政府采购法》第二条规定,政府采购是指各级国家机关、事业单位和团体组织,使用财政性资金采购依法制定的集中采购目录以内的或者采购限额标准以上的货物、工程和服务的行为。可见采购对象包括货物、工程和服务,其中"服务"的行为应该包括公共服务,可见,政府购买公共服务有法可依。政府购买公共服务是民营化的重要方面。社区工作者在政府购买的公共服务项目中发挥着不可替代的作用。

案例3-7:爱抱抱——关爱孤残儿童社工服务项目[①]

该项目以常州市儿童福利院6名模拟家庭中的孤残儿童为直接服务对象。

该项目需要:满足孤残儿童健康成长需求,协助他们养成规则意识,

[①] 2016年度江苏省优秀社会工作项目/二等奖(六)[Z].江苏省社会工作协会,2018-06-19.

提高情绪控制能力、人际沟通与交往能力,养成良好行为习惯,通过模拟家庭亲子互动小组与"爱心妈妈"活动,提升模拟家庭教育理念与方法技巧,形成家庭真正的爱的氛围,滋养孤残儿童成长,增强其自信,从而健康快乐地成长为一个有用的人。

该项目以优势视角、马斯洛的需求层次理论、弗洛伊德的心理分析理论等作为理论基础,针对6位孤残儿童开展了16次个案工作:2016年5—6月开展了"我自信,我能行"成长小组,7—9月开展了"走进你我TA"人际交往小组,9—11月开展了"我是情绪管理高手"成长小组,11—12月开展了"爱陪伴成长"亲子运动会,其间福利院开展了6次工作人员专业社工技能培训,提升其服务水平,打造并优化服务对象生活环境。最后,70%的孤残儿童服务对象养成良好生活习惯,60%孤残儿童服务对象自理能力提高,50%孤残儿童勇于去和外界交流,65%孤残儿童服务对象可以学习基本的智力知识,90%的服务对象对项目及社工满意。

3. 社区工作者在福利性与公益性服务中的角色

社区福利性与公益性服务一般是以非营利为目的的,为满足社区居民需求、提高社区居民生活质量而提供的,社区工作者在提供这些服务时要做好服务的计划者和提供者的工作,维护社区利益,了解社区居民需求。另外公益性与福利性服务是与社区居民利益息息相关的,社区工作者要运用自己的专业知识和技术来维护社区居民利益。

案例3-8:我是"地球小卫士"环保公益活动[①]

近几年来,因深圳初高中学校教学大纲中提倡志愿服务,于是深圳中学生中掀起了注册成为深圳志愿者、参与志愿工作、服务社会的热潮。相应地,社工开展的青少年志愿服务活动也举行得如火如荼。2021年

[①] 潘小兰. 如何组织青少年参与志愿服务[EB/OL]. (2021-05-03)[2021-07-26]. https://www.sohu.com/a/464417612_491282.

春节前夕,莲城社区党群服务中心举办青少年"地球小卫士"环保活动,组织社区学生志愿者关注、参与社区的卫生清洁和环境保护工作,减轻地球母亲的压力,同时培养志愿者精神,提升学生团队协作能力。

社工首先组织孩子们分组制作小组海报,设计小组的环保口号和行走路线,原本互不相识的小义工们通过团队协作,很快变得熟络起来。随后学生志愿者们在人流较多的地点清理垃圾时,收获了路边行人和商铺老板的纷纷点赞:"小义工们清洁社区,宣传环保,这样的活动很好!"有的小义工体会到了环卫工人的辛苦,表示以后一定要提醒自己和亲友不乱扔垃圾。随行的家长们看到孩子在服务社会、体验生活,感到十分欣慰,希望社区能多多开展这样有意义的志愿服务。社工作为本次公益活动的发起者和组织者,需注意精心设计,力求精炼浓缩,符合中学生特色。中学生学业重,时间非常宝贵,社工组织青少年义工服务时应务实高效。青少年志愿服务可以是多种社工服务形式和社工技巧的浓缩,多方面锻炼青少年团队协作、与人沟通等方面的能力。

四、社区工作模式

社区工作模式概括起来主要有四种,分别为地区发展模式、社会策划模式、社会行动模式、社区照顾模式。由于社区工作是十分灵活的工作方法,所以在使用时并不是固定地使用特定的某一种模式,社区工作面对着社区内各式各样的对象,社区工作者应该根据不同模式的特点来进行选择。

1. 地区发展模式

在我国,地区发展模式更多是指以某一地区为基础,在政府机构或者部门的支持下,社区居民组织起来,挖掘社区资源,通过社区居民参与,来解决社区问题,提高社区居民的自助和互助能力。这种模式下社区发展比较稳定,一般社区居民能够自主解决问题。

地区发展模式的特点就是注重过程目标,过程目标要远大于任务目标,社区居民在参与的过程中要促进自我的成长。这种模式在我国使用得比较广泛,例如:用地区发展模式来促进社区居民参与,运用地区发展模式来挖掘、培养社区骨干,通过社会工作者发动社区居民,促使社区居民关注社区共性问题、广泛参与讨论、积极采取行动、共同解决问题,从而改善社区邻里关系,最终达到社区发展的目的。

地区发展模式在中国城市社区建设的内容和策略上可以带给我们一些启发:中国的城市社区服务偏重行政管理,社区居民对于政府工作人员的信赖和依赖度较高,所以长期处于被动服务的状态,而地区发展模式就是要把社区变成社区居民合作生产的场所,社区的发展主要靠社区居民自治,而不是靠外界,专职的社区工作人员不是社区领袖,他们仅仅发挥促进社区发展的职能,在开展服务项目的过程中,更加注重居民的习得性与能力的提升。[1] 学者赵天予认为地区发展模式是在社会问题的激发下产生的实务模式,其主要功能在于以服务性质的自组织来分担政府的福利责任。中国的社区建设同样也是基于回应现代化进程中的社会问题而产生的。所不同的是,中国政府对待社区建设的态度举棋不定且施政上顾此失彼。一是中国社会正处于传统—现代的转型时期,社会政策、社会福利、社会保障、社会服务之间尚未形成一个有机协调与良性循环的整体,条块分割及政出多头往往导致政策执行者无所适从。二是将社区建设的范围限定在基层的居(村)委会层面,服务于微观的"个人治疗",难以涉及结构层面的"社会倡导"。三是冀望社区服务立竿见影的迫切心态,恰恰忽略了本土社区建设基础薄弱、社会认同度不高、专业性不强的现实,片面强调指标考核的任务目标自然难以体现社区工作的过程目标。[2]

2. 社会策划模式

社会策划模式相比于地区发展模式对于社区居民的主动性和能动

---

[1] 徐永祥.社区工作[M].北京:高等教育出版社,2004.
[2] 赵天予.地区发展模式的本土适用性研究[J].农村经济与科技,2019,30(13):281-284.

性要弱化一些,这个模式更加强调策划者的角色和作用。

社会策划模式是一个自上而下的过程。社区工作者通过社区调查,调查清楚社区存在哪些问题,有什么可以动用的资源,最终确定问题焦点,再制定相应的服务方案,选择最佳方案之后再对相应的方案实施管理。社会策划模式的任务内容聚焦在社区资源开发的规划、社区基础设施的规划、社区服务设施的规划、社区组织建设的规划、社区文化价值建设的规划几个方面。

社会策划模式是一种比较适合中国处境的社区工作模式,目前专业社会工作服务的开展都是依托政府购买的方式进行的,社会策划模式的理性要求专家介入似乎更能提升普通民众的综合能力和素质,从而促进社区的发展,适合我国当前社区发展实际。该模式能够加强社区服务机构服务项目的交代性和居民可接近性,向社区政府、社区居民负责,便于社区居民使用,避免社区服务机构的自我利益最大化倾向。另外,社会策划模式在加强社区服务机构服务项目的内部流程优化和全面品质管理、提高服务质量和服务产出效率方面也起到一定作用。

3. 社会行动模式

罗夫曼对于社会行动的定义是:社会行动假定有一群处于不利的群体,他们需要被组织起来,联合其他人去向整体社会争取资源及取得符合民主及公义的对待。社会行动的目的是达至制度的改变,是使权利、资源及决策权得到再分配,并影响基本政策的改变。社会行动模式在学术界存在较大争议并且在中国使用比较少。一种观点认为,社会行动不适合在我国开展:首先,我国的国家结构形式单一,权力集中,执政党及其政府的价值取向是追求政权的稳定,因而挑战现存制度和政策合法性的社会行动难以为政治体制所认同和接纳。其次,历史上中国社会认为挑战政府权威的行为就是反政府行为,政府和民间不能双赢,公民社会绝对是离异政府的力量。同时,国人深受儒家"和为贵、重权威"的观念影响,对发生在自己和周围人身上的事件大多采取息事宁人和逆来顺受的态度,很少选择以对抗方式解决问题。

4. 社会照顾模式

社区照顾就是社会工作者动员社区资源、运用非正式支持网络、联合正规服务所提供的支持服务与设施,让有照顾需要的人士在家里或社区中得到照顾,在其熟悉的环境中向其提供照顾和帮助的福利服务模式。我国城乡社区属于行政主导型社区,政府通过准行政的村委会和居委会将权力的触角延伸到社区的每一个角落,居民对政府的依赖意识非常强,遇到问题不是想办法自己解决,而是求助于政府和单位,社区自治意识非常弱,显然以齐心协力和众志成城为前提的社会行动难以形成[①]。这种模式一般是在社区居民的合法权益受到忽视和侵犯后在社区工作者的引导带领下,向政府部门等权威部门施加压力,通过行动争取自身合法权益。所以在大多数情况下,社区工作者往往站在队伍的最前列,这时候社区工作者的角色既是倡导者,也是引导者,也是行动者,通过参与行动唤醒社区居民的自助意识,让社区居民感受到团结一致的重要性。

五、城市社区工作内容

(一)社区公共服务

1. 救难(saving)

每个人在日常生活中可能都会面临某些灾难性事件,例如巨大灾害、破产、精神崩溃等,这些事件的出现对于个人、家庭都会产生生理、心理、社会方面的影响,当以个人的能力解决这些问题十分困难的时候,就需要社区、社会力量的支持。在新冠肺炎疫情暴发之后,各地社会工作联合会倡导社会工作者参与的服务包括:加强自我防控和机构防控,发挥专业优势协助医务工作及社区宣传防控工作,协助做好疫情科普、心

---

① 徐永祥.社区工作[M].北京:高等教育出版社,2004:133.

理疏导、居民安抚、资源链接和物资调配等工作。在危机发生时由政府主导,社工整合多元主体开展服务,这是对变化中疫情的专业回应,也是对治理社会化、精细化、专业化的遵循。按照疫情防控的实际进度,社会工作在应对新冠肺炎疫情的实践主要包括支持型的紧急介入、协同型的社区干预、整合型的资源调配、补充型的定点关注等服务。[①]

案例3-9:新冠肺炎疫情下社会工作介入杭州社区老年服务[②]

在新冠肺炎疫情暴发之际,社会工作作为社会公共服务的重要参与力量,以"助人自助"为服务宗旨,对社区的老人们进行心理疏导和危机干预,给予社区内的老年人物质生活和心理情感上的相关支持。疫情暴发后,社工队伍地毯式地排摸辖区内从重点疫区返杭人员信息,通知隔离,并在线上进行专门的社区健康教育,告知预防手段和最新消息。而且针对需居家医学观察人员,社工队伍会上门进行告知工作,最后,社工每天都有轮班电话联系老人,询问诉求,进而判断是否存在心理上的问题,并对存在心理问题的相关老人进行心理上的宣传与疏导,社工也会进行在单元门上张贴宣传通告、对每户住户宣传防范措施等工作,以确保社区健康安全。社工充分发挥了社会工作者的职业优势,主动联系各种社会资源,为疫情防控工作做出了贡献。

在各级政府机关、街道、社区的积极引导下,社会工作者开展了相关活动,在他们的不懈努力下,在应区成员的极力配合下,我国新冠肺炎疫情得到有效控制。在新冠肺炎疫情得到稳定控制后,在防控疫情不放松、各项工作平稳进行的前提下,社会工作服务逐步恢复到疫情前的状态,具体有:安排助老员走访;上门对老人进行访谈,了解老人们在物质、

---

① 张强.治理现代化视角下社会工作介入突发公共卫生事件的实践及反思:以新冠肺炎疫情防控为例[J].重庆师范大学学报(社会科学版),2021(1):63-70.
② 王启广,原伟霞.新冠肺炎疫情下杭州社区老年社会工作服务分析[J].就业与保障,2020(21):194-196.

心理上的相关需求;将政府在生活上的优惠政策告知老人并及时通知老人去办理和获取对应服务等等。

2. 济困(helping)

个体在生活中除了会遇到突发性的灾难之外,还可能会面临物质生活或者精神生活的某种困境,例如失业、家庭破裂、身患重大疾病等,这些个体大部分都属于弱势人群,比如老年人、妇女、儿童、残疾人等。面对这种境遇,当个人无法很好地自我调适时,就需要专业社会工作者的介入。

案例 3-10:"暖宅有爱"社会工作对孤困老人的精准帮扶[①]

无锡市梁溪区北大街街道丽新路社区为服务对象打造"爱心暖宅"活动,"暖宅"服务内容主要包括生活照料、便民服务、精神慰藉、紧急救援、文化娱乐、健康服务、法律服务等。居住在"暖宅"里的服务对象们,享受着社区和志愿者们提供的"精准服务"。

社区内运营一家纯公益的"暖宅味道"爱心馄饨店,让"暖宅"从以往单纯的"输血"过程实现一种全新的"自我造血"功能。"暖宅味道"爱心馄饨店源于"待用咖啡"精神。

"待用咖啡"精神是人们在咖啡馆消费时额外购买的咖啡,留待其他可能比较贫困的人士享用。同样地,"暖宅味道"馄饨店倡导"共享馄饨",在这里顾客可以提前多买一两碗馄饨,留给其他困难群体免费享用。

运用个案工作方法开展"爱心日"生活照料活动和"心灵守护"心理陪护活动,活动每月 2 次、每年 24 次。志愿者们和社区工作人员在专职社会工作者的指导下,上门走访服务对象,关注老人日常生活基本需求满足状况和心理状况。同时还有多样化的小组活动,例如"集体生日祝

[①] [优秀项目]"暖宅有爱"孤困老人精准帮扶项目(二等奖)[Z].江苏省社会工作协会,2019-05-13.

福会"小组活动,以加强老人彼此之间的经验交流,重建自己的社会支持网络。"暖宅"项目每个月都要为孤寡老人们举办一次集体生日祝福会,让身处孤寡困境的老人们享受到家庭温暖。

"暖宅有爱"孤困老人精准帮扶项目团队立足于丽新路社区的实际情况,深入挖掘社区的可利用资源,举办了覆盖面更广的针对整个社区所有居民的活动。服务对象通过"暖宅有爱"的各项活动发挥自身优势,重建自己的社会支持网络,恢复并增强对生活的信心,消除了作为孤困老人的孤独感和无助感,提高自我实现感和生活幸福感。

3. 发展(develpment)

注重人的发展也是城市社区工作的内容之一,通过社区工作挖掘服务对象的潜能,让服务对象更好地认识自己,用优势视角来看待自己。个体在参与社会生活时,可能会由于环境的不同导致参与社会活动的效果不同,而城市社区工作越来越注重人的发展、个人与社会的共融。所以促进人的全面发展,实现个人与社会的统一也是城市社区工作需要解决的问题。

案例 3-11:"大手牵小手,快乐成长"[①]
——埠子镇留守儿童增能服务

宿迁市是"后发外生型"城市,外出务工人员较多,留守儿童数量较大,并且留守儿童的社会支持网络薄弱。宿迁市社会公益组织发展刚刚起步,对留守儿童的关注虽然较多,但专业性增能服务比较薄弱,多停留在表面服务,未从优势视角对留守儿童进行增能服务,也未能彻底解决留守儿童的性情、学习、生活等实质性问题。在学习增能方面,学习能力提升活动是常规服务项目,学习辅导1周一次,学习情绪调试2周一次,学习方法改进4周一次,这些活动均由师范类大学生志愿者完成。在社

---

① 2016年度江苏省优秀社会工作项目/二等奖(九)[Z].江苏省社会工作协会,2018-06-20.

会增能方面,社会适应与增能模块围绕着"文明宿迁,我在其中"的主题开展了15次大型社会拓展活动,服务对象参与社会活动的积极性提高,人际交往能力有所改善,社会适应能力逐步增强。12次大型社会拓展活动得到了社会的广泛认可,宿迁电视台、《宿迁晚报》、宿迁学院网站均进行了大篇幅报道。在家庭教育方面,围绕着改善亲自亲子关系主题,邀请宿迁市家庭教育讲师团成员走进埠子镇社区开展家庭教育讲座2次。利用暑假时间开展了1次亲子沙龙活动。讲座和沙龙改进了亲子关系,增进了亲子感情。最后,依据前期测评结果和评估报告筛选了3名留守儿童进行个案服务,满足了他们的情感需要,提升了他们的社会参与能力。

(二)社区公益志愿服务

在社区志愿服务中,社区工作者可以从以下几个方面着手:策划志愿服务项目,发掘培养志愿者骨干,组织开展志愿者培训,做好志愿者管理等工作。案例3-12以策划志愿服务项目为例。

案例3-12:海沙社区"守望幸福"新时代文明实践志愿服务[①]

海沙社区是海盐县城市社区优化后成立的一个新社区。社区老年人口众多,高龄空巢独居老人约有40位。社区优化后,老年人的居住环境有了很大改善,社区的各类养老服务设施也逐步完善。但是老年人原有的社会支持网络被打破,面对全新的生活环境,子女外出务工不在身边,很多人不愿也不敢走出家门,长期独居家中,精神状态不佳。针对老年群体现状与需求,海沙社区采用"社区+志愿者"的服务主体模式,通过社区服务、精神慰藉、主题活动等形式,为社区高龄空巢老年群体解决社会支持体系不健全、社会融入障碍等问题,让高龄空巢老年人真正感受到来自社区的关爱,提升了他们的生活品质。在社区服务中,社区工

---

① 海沙社区"守望幸福"新时代文明实践志愿服务项目案例[Z].武原社会工作,2021-03-17.

作人员与辖区高龄空巢独居老人建立了良好的互动关系，老人们积极参与社区组织的活动，走出家门，有了大家交流感情的平台；社区工作者牢记高龄空巢独居老人状况，走到老人家中，了解老人的生活状况，送去关怀。通过日常探访慰问，能及时掌控高龄空巢独居老人的生活状况，让老人们能有一份安心保障；通过社区服务、精神慰藉、主题活动等形式，为社区高龄空巢老年群体搭建社会支持网络，促进社区融入，帮助他们培养、提升兴趣爱好，让高龄空巢老年人真正感受到来自社区的关爱，提升对生活的满意度。

六、总结

目前，社会治理重心正在向基层下移，将人力、财力、物力更多投到基层，以网格化管理、社会化服务为方向，健全基层综合服务管理平台，强化城乡社区自治和服务功能，健全新型社区管理和服务体制是当前社区治理的趋势。特别是在城乡社区，要发挥社会组织作用，实现政府治理和社会调节、居民自治的良性互动。2018年8月南京市民政局出台了社区治理"1+4"文件，今后将进一步强化"社区减负增效"，严格落实社区减负增效的各项规定，坚决防止社区减负事项反弹。同时大力促进社区、社会组织、社会工作深度融合，通过设立项目资金、政府购买服务，将政府或其派出机构、职能部门承担的技术性、服务性、辅助性行政事项和公共服务事项转交有资质的社会组织承接。在聚焦社区治理人才队伍建设方面，此次出台的《南京市社区工作者管理办法（试行）》，明确了社区工作者的范围、职责、管理、考核、待遇、激励及退出机制。拓宽职业发展通道，加大面向社区党组织书记、居（村）委会主任定向招录公务员和招聘事业单位人员力度。社区工作方法将在社会治理创新的大背景下发挥出特有的优势与功能。

第四章

社会工作理论

第一节 社会工作理论概述

工业化初期的社会工作更多的是带有慈善目的的救助性服务,用理论指导实践的部分是缺失的。但随着社会工作逐渐发展和壮大至今,社会工作已然形成了自己的专业价值体系和系统的理论知识。然而认为社会工作只是凭借爱心和热情去做实务的观点依旧存在,这无疑是对社会工作专业体系的误解。因此,我们需要进一步认识社会工作理论和知识,从而助推社会工作的进一步发展。

一、社会工作理论的发展

(一) 社会工作理论的起源与发展

社会工作起源于19世纪末的西方社会,工业革命的出现带来了很多的社会问题,为解决当时欧美国家日益严重的贫困问题,社会工作应时而生。受功利主义和社会达尔文主义思想的影响,早期社会工作专业建立了强调个人自立的价值观和以临床医学经验为基础的实践模式与知识基础。[①] 此后,社会工作作为一门学科以及社会福利制度的重要组成部分开始发展。随着政治、经济、社会等因素的不断发展变化,社会工作专业理论经历了三个阶段的发展。

第一阶段是20世纪30年代至50年代,是精神分析观点的时期。社会工作领域在这个阶段广泛采用了弗洛伊德的精神分析观点来指导实践,直到20世纪50年代卡尔·罗杰斯提出了著名的人本主义观点,

---

① 周会敏.增权理论与传统社会工作理论之比较与反思[J].东华大学学报(社会科学版),2008,8(4):285-288.

才分流了部分人群的关注点。

第二阶段是20世纪50年代到70年代,是社会观点与人本主义的盛行时期。该阶段主要是以对精神分析观点的批判开始的。这个时期的社会工作不仅重视个人精神层面的问题,而且开始把关注点放在社会层面上。心理社会理论、认知行为理论、危机介入模式和任务中心模式都在这一时期得到了发展。

第三阶段是20世纪70年代至今,属于生态观点和增权观点的发展时期。这个阶段的社会工作理论开始呈现多元化的发展趋势,各种理论模式不断涌现。其中最具有代表性的有著名的生态理论、系统理论、结构视角、女性主义社会工作、存在主义社会工作、优势视角、增权理论等。

目前,对于社会工作的理论进行整合的策略主要分为两种,第一种是对不同的理论进行融合,第二种则是辨识不同实践理论之间的共通之处。[1]但是,在当下的社会工作发展阶段,提出统一的社会工作理论体系无疑是超前于现实发展水平的。因此,学界认为无须盲目追求建构统一的理论框架,而是通过对现有的理论进行归纳整理,使得相关理论有序化。

(二) 社会工作理论的重要性

理论对于一个专业是否成立以及专业的社会认可程度有着至关重要的作用。格林伍德认为,社会工作只有具备了相应的特征和要素才可以被称为一个独立的专业。他提出,作为一门专业应当有一套系统的理论体系或者专业的技术和知识,应当有专业的权威,应当有共同信守的伦理准则,应当有社会的认可,应当有专业的文化。尽管格林伍德认为社会工作具备了以上的条件,但是其专业化程度依旧处于较低水平,有待进一步提升和发展。其中第一条明确指出了理论之于专业的重要性,因此理论对于一门专业的专业化和职业化进程有着非常重要的意义。

---

[1] 何雪松.社会工作理论[M].上海:上海人民出版社,2007:226-227.

最为关键的是,社会工作理论在指导社会工作者解决助人问题的过程中起着十分关键的作用。有学者对社会工作解决问题的能力做了层次划分:第一层级是懂得如何解决一类问题的相关能力和程序;第二层级是解决多类问题的方法和能力;第三层级是能够选择适当的方法来解决不同类型的问题;第四层级是懂得设计与问题相适配的社会工作程序来解决相应问题。这四个层级对社会工作者能力的要求不断递增,处于第一层级的人只能成为辅助人员,而无法被称为社会工作者。处在第二层级的人可以做助理人员,仍旧不能单独执行任务。处于第三层级的人方可担任社会工作者,但是现实问题繁杂琐碎,在开展工作的过程中很有可能出现力不从心的现象。第四层级注重解决问题的能力,这一层级的社会工作者可以因时而变、因事而变,但是第四层级是一种需要经过长期训练方可达到的目标,也是一种较为理想的境界。

社会工作专业的学生在经过学校的理论教育和实操训练后方可在毕业后有胜任社会工作者的部分能力,倘若没有系统的解决问题方法的理论体系指导和实务策略指示,社会工作的专业化、职业化水平就难以提升,社会认可度同样难以提高。[①] 近些年,由于高等教育规模的迅速扩展,设置社会工作专业的高校也在急剧增加。目前,全国已有300多所高校开设社会工作专业,每年从该专业毕业的学生约有10 000人,社会工作教育的规模已达到了空前的水平。但是,由于理论准备不足,社会工作专业所培养人才的对口就业部门、岗位不明确,所学的专业技能和知识也难以在实际工作中有效运用,许多学生对这个专业的前景感到茫然。尽管社会迫切需求,最终只有10%～30%的学生从事了本专业的工作。专家认为造成这种现象的主要原因在于社会工作的专业化走在了职业化前面。由此,社会工作专业对体系化、专业化的理论有着迫切的需求,但与此同时职业化的发展也需要进一步加快,从而吸引更多的

---

① 李迎生. 构建本土化的社会工作理论及其路径[J]. 社会科学,2008(5):77-80.

社会工作专业毕业生从事本专业的工作,来反推社会工作的专业化、职业化进程。

二、社会工作的理论基础

(一)社会工作理论的范围和结构

1. 社会工作理论的范围

如果按照学科门类将社会工作理论进行归类,那么大致可以分为三类。第一类是有关人类行为和社会环境类的学科知识,其中包括社会学、心理学等相关学科;第二类是有关社会福利和社会服务体系的知识,其中包括政治学、经济学、人类学、公共卫生学、医学、法学、行政学、犯罪学等知识;第三类是有关社会工作实施层面的知识,也被称为社会工作的实施理论,是以以上提及的各类学科知识为基础,通过不断的社会工作实际操作所得到的经验而形成的。此外还有其他类别的分类方法,例如按照知识层次进行相应的划分。但巴特勒提出的社会工作九个方面的基本知识给社会工作专业理论提供了归纳的依据和借鉴,受到广泛的认可和引用。其中包含:人类行为与社会环境的知识;人际互动心理学;表达内在感受的语言、手势和活动的沟通技巧;影响个人、群体行为的团体过程;影响个人、群体、社区的文化因素;个人和群体间形成各种互动关系的过程;有关社区的内在过程、发展与变迁模式、社区的服务机构与资源;社会服务的结构、组织与方法;个人的自我了解和个人的情绪、态度等心理因素。以上是巴特勒对社会工作的基本知识进行的概括性归纳,打破了学科之间的界限,做到了从需求的角度来审视理论。

2. 社会工作理论的结构

不少学者将社会工作进行不同层次的划分,其中较为有名的提法来自提姆斯、大卫·豪、皮拉利斯等人。

提姆斯把社会工作理论分为外借理论和实施理论两个部分。外借理论来自其他相关学科,例如心理学、社会学、医学、经济学等,这便是社会工作的理论来源和基础。实施理论则是来自社会工作实务的积累过程,是用于直接指导社会工作实践来达成相关目的的理论知识。

而不同于很多学者的社会工作理论二分法,皮拉利斯则提出了社会工作理论的"三分模型"。其将社会工作理论分为三个部分:宏观理论、中观理论、实践理论。宏观层面涉及对人与社会的本质、人的行为与社会运行机制的综合性说明,其抽象程度较高。中观理论则包含解释性理论和介入模式两个部分,其中解释性理论是对人的行为与社会过程某一方面作出具体解释,例如标签理论、儿童发展理论等。介入模式理论则是对社会工作实践的性质、目的、过程等进行一般说明,例如较为常见的危机介入模式理论和任务中心模式理论等。而社会工作的实践理论涉及社会工作的具体操作方法和技巧,该层次的理论抽象程度比较低,例如批判式提问法和自由联想法等。

(二)社会工作的相关理论

1. 社会学习理论

社会学习理论的主要代表人物是美国社会心理学家班杜拉,他的主要理论包括交互决定论、观察学习的理论、自我调节理论、自我效能理论,其中观察学习理论是社会学习最主要的形式。

班杜拉指出了学习或者模仿的重要性,强调了普遍、有效的学习方式就是观察学习,他认为学习者不是直接介入到行动过程中,不直接做出反应,而是通过模仿学习、观察和评价而习得的,这个过程是积极的、能动的、对于环境的刺激进行有选择的反应。观察学习主要分为四个主要的过程——注意过程、保持过程、运动再现过程和动机过程的动态统一,通过注意过程和保持过程习得行为,通过运动再现过程来表现行为,即行为习得和行为操作两个阶段的统一。

2. 人格发展理论

埃里克森在人格发展理论中指出,自我意识的形成和发展的过程会伴随每个人一生的成长,他将这个过程分为了八个阶段,每一个阶段都是不可以忽视的,只有顺利度过每个阶段的任务,才能向下一个更高的阶段前进。

埃里克森在《童年与社会》一书中,提出了人格发展阶段的理论。婴儿期(0~1岁),该阶段的儿童处于信任与不信任的冲突期,如果婴儿在发育中能够感到温暖和舒适,就能把经验扩大到以后的生活中。幼儿期(1~3岁)这个阶段父母对于儿童的行为教育要具有一定的导向和限制,同时也要给予儿童一定程度的自由,如果引导良好,儿童就会形成自信和自主感。儿童早期(3~6岁):该阶段的主要任务就是发展主动性,儿童在这个时期经常以攻击性的行为来表现自己的创造力,同时也会带来心理的矛盾。如果家长对儿童的行为过多限制或者是让儿童感到自己无用或者羞怯,儿童就会逐渐失去自信心。儿童中期(6~12岁):需培养儿童勤奋的品质,克服自卑心理。在这一阶段父母以及老师应该积极地鼓励孩子勤奋学习以及积极地参加各种竞争活动,并给予充分的肯定,为儿童形成积极向上的人格打下基础。

3. 马斯洛需求层次理论

马斯洛需求层次理论也称基本需求层次理论,由美国心理学家亚伯拉罕·马斯洛于1943年在《人的激励理论》论文中提出,是行为科学的理论之一。该理论将人的需求分为五种,按层次逐级递升,分别为生理上的需求、安全上的需求、情感和归属的需求、尊重的需求、自我实现的需求。在自我实现需求之后,还有自我超越需求(self-transcendence needs),但该需求通常不作为马斯洛需求层次理论中必要的层次,大多数会将自我超越需求合并至自我实现需求当中。

4. 认知行为理论

认知行为理论通过改变认知模式和行为模式来达到缓解不良情绪和行为的目的,它将认知用于行为修正,强调认知在解决问题过程中的重要性,是认知理论和行为理论的结合。因为情绪问题往往最终表现为行为问题,例如逃学、打架、暴露、强迫行为等,所以这两部分在实际工作中是同时解决的。

认知行为理论对这部分的解释是,在认知、情绪、行为三者中,认知扮演着最重要的角色。其中认知导致情绪,情绪导致行为,行为又反过来继续影响认知,从而形成了一个三角循环。抑郁、焦虑、强迫等心理问题都是被歪曲的认知带入了这样一个恶性循环,导致情绪、行为问题愈发严重。

ABC 理论是认知行为理论中的一个核心理论,其最早是由艾利斯(Albert Ellis)提出的,A 指的是所发生的事件、场景、人物。B 指的是人对 A 所产生的想法,或者人们的一些根深蒂固的信念和认知。C 指的是结果,包括情绪、行为、躯体反应等。人们往往会忽视 B,认为自己的负面情绪、不良行为等都是因为 A 造成的。其实我们对待人或事物的看法才是导致负面情绪的真正原因。在临床上,治疗心理问题,最多使用的非药物治疗就是认知行为疗法(CBT),对于轻中度的抑郁、焦虑、强迫症患者可以单独使用 CBT 来进行首选治疗,即使对于重度的患者,在药物稳定症状后心理治疗也是必须的辅助治疗,对于防止复发更是优于药物治疗。

5. 社会支持网络理论

社会支持网络指的是一组个人之间的接触,通过这些接触,个人得以维持社会身份并且获得情绪支持、物质援助和服务、信息与新的社会接触。

依据社会支持网络理论的观点,一个人所拥有的社会支持网络越强大,就能够越好地应对各种来自环境的挑战。个人所拥有的资源又可以分为个人资源和社会资源。个人资源包括个人的自我功能和应对能力,社会资源是指个人社会网络中的广度和网络中的人所能提供的社会支持功能的程度。以社会支持网络理论取向的社会工作,强调通过干预个人的社会网络来改变其在个人生活中的作用。特别对于那些社会网络资源不足或者利用社会网络能力不足的个体,社会工作者致力于给他们以必要的帮助,帮助他们扩大社会网络资源,提高其利用社会网络的能力。

6. 优势视角理论

"优势视角"是社会工作领域的一个基本原理,是指社会工作者在某种程度上要立足于发现、寻求、探索及利用案主的优势和资源,协助他们达到自己的目标,实现他们的梦想,并面对他们生命中的挫折和不幸,抗拒社会主流的控制。这一视角强调人类精神的内在智慧,强调即便是最可怜的、被社会所遗弃的人都具有内在的转变能力。简言之,优势视角就是着眼于个人的优势,以开发和利用人的潜能为出发点,协助其从挫折和不幸的逆境中挣脱出来,最终达到其目标的一种思维方式和工作方法。

优势视角超越了社会工作的传统理论模式,其关注点在于个案的优势、潜能和成绩,这一突破在社工领域具有重大的意义。它首先由美国堪萨斯大学社会福利学院教授萨利贝(Dennis Saleebey)在《优势视角:社会工作实践的新模式》一书中提出。社会工作的优势视角反对将服务对象问题化,认为问题的标签对服务对象具有蚕食效应,重复的次数多了之后,就改变了案主自己对自己的看法和周围人对他们的看法。长远来看,这些变化融入了个人对他们的自我认同。优势视角取向的实践意味着:作为社工所应该做的一切,在某种程度上要立足于发现和寻求、探索和利用案主的优势和资源,协助他们达到自己的目标,实现他们的梦想,并面对他们生命中的挫折和不幸,抗拒社会主流的控制。

优势视角的基本信念包括赋权、成员资格和抗逆力,与此同时,它强调人的能力、价值、利益、信念、资源、任务完成和愿望。优势视角贯穿整个生命周期,并贯穿评估、干预等整个助人过程之中。

7. 生态系统理论

生态系统理论是由美国心理学家布朗芬布伦纳(Urie Bronfenbrenner)提出的,是国外社会工作领域中一个重要的实务理论。

其从一般系统理论发展而来,为回应社会工作领域中"社会"的缺失,关注个人与环境的互动,经过一系列的完善和充实后相继运用到社会工作的过程当中。生态系统理论通常情况下分为微观、中间、外层、宏观这四个系统。微观系统主要指的是能够直接影响个人的微小的系统,例如家庭、学校、工作单位等,属于个体能够直接接触到的环境。而中间系统则主要指各微系统之间的联系以及相互关系。外层系统指的是个人并没有进行直接的接触和参与,但是该系统会对个人产生其他层面的间接影响。而宏观系统指的是文化以及大的社会环境层面对个体产生影响的系统。生态系统理论主要强调的是人与其生活的环境是一个相互依赖并且能够相互协作的完整整体,而个人正是通过与环境的各种因素产生交互作用而成长发展的,因此,生态系统理论对于个人的社会化进程有着很好的解释作用。

案例4-1:生态系统理论下的儿童个案实践[①]

一、接案与建立关系

案主小星,今年8岁,小学二年级。由于父母工作之故,在家留守至今,现因父母生活平稳,遂商议将孩子接到身边。父亲王明和母亲李娟把二年级的小星带去了属地公办小学上学。开学几个月后,小星开始不完成作业,王明狠狠打他亦无果。有一次下手太重,李娟还带小星去看过急诊,父子关系紧张。不久后,学校的老师就把李娟叫去,反映说小星不但成绩不好,与同学关系也糟糕,还有行为问题,影响到老师正常教学。社会工作者接到求助后于某周末到小星家了解情况,在和小星交往后,社会工作者获得了小星的信任,并与小星建立了专业关系。

二、预估与问题界定

在儿童的成长和社会化过程中,家庭、学校以及儿童生活的社区是

[①] 冯丽婕,时方.基于生态系统理论的儿童个案实践及反思[J].社会工作(下半月),2010(9):21-23.

对儿童影响最大的三个子系统。从埃里克森的心理社会发展理论来说，小星正处于学龄期，此阶段的儿童可能出现的主要问题是学习问题和行为问题，从案例的叙述以及儿童的特点我们可初步诊断出案主有以下问题：

1. 亲子关系问题，案主小星与父亲之间的关系极为紧张。

2. 学习问题，小星在入学几个月后不完成作业，成绩不好，有厌学情绪。

3. 行为偏差问题，小星在学校出现偏差行为，已影响到老师的正常教学。

4. 环境适应障碍，在农村生活六年的小星对新环境的适应出现障碍。

5. 社会交往问题，同辈群体对儿童有重要影响，案主小星在陌生的环境中没有亲近的朋友，与同学的关系不融洽，与同辈群体的互动交流并不多。

6. 心理情绪问题，从小与父母分居两地长达六年的小星，因父爱母爱缺失，所以其偏差行为表明小星极有可能存在自卑心理甚至人格缺陷。

三、介入目标

介入目标与问题界定相适配，主要包括：缓解父子间的紧张关系；帮助案主解决学习问题；矫治案主的偏差行为；提高案主对环境（社区、学校）的适应能力；消除案主的自卑心理，协助案主提高其自我效能感和抗逆力。

四、个案工作介入策略

（一）微观层面

由于案主年龄还小，许多困惑或遭受的伤害难以用语言表达出来或表述清楚，针对儿童的特点，可以运用游戏治疗模式进行辅导。

1. 想象互动游戏

通过想象游戏的媒介，孩子有机会以转化的方式沟通，也能透露隐秘性的事情，此游戏适合4～10岁的小孩，为了治疗或辅导能够成功，父母必须愿意审视和改变他们的行为,以及改变对孩子的态度。借此,社会工作者及孩子父母可以了解到孩子内心对父母和家庭的期望,帮助父母更准确地了解自己的孩子,促进亲子沟通。

2. 沙盘游戏和做"自我意识"量表

沙盘游戏是一种心理疏导手段,通过此游戏可以判断案主是否存在身心失调、社会适应不良、人格障碍等问题,如存在此问题,同样也可以使这些问题在沙盘中化解。"自我意识"量表,主要用于评价儿童自我意识的状况,让儿童父母了解到案主是否出现自我意识不良的倾向,以确保对案主的问题能"对症下药"。

(二)家庭子系统

布置"家庭作业",例如每天晚上三人一起吃晚饭,晚饭后一起看电视或出去散步至少一小时,在此期间父亲要有意识地多和小星聊一些学习之外的事情,可以让小星讲讲在学校发生了哪些有趣的事情或令他不开心的事情,以促进亲子之间的沟通和交流,促进相互理解,增进感情。每周带小星出去玩一天,可以去公园、博物馆、科技馆或少年宫等。父亲王明要少体罚小星,最好是不要体罚。另外,要督促案主完成作业,即使没有指导能力,但可以陪着他一起学习,关键是提升案主对学习的爱好,消除厌学情绪。

(三)学校子系统

老师层面:可以找小星聊天,不要指责或批评他的成绩不好,让小星体会到老师是真正关心自己的,以改善师生关系;多表扬和赞美,少批评和处罚,提高其自我效能感。

同学层面:鼓励其多与同学交流和做游戏,社工可以组织一些游戏让同学们参与其中,在游戏中培养起良好的同伴关系,同时也满足了儿童游戏娱乐的需求。

(四)社区子系统

社会工作者可以结合相关部门如社区居委会或当地民政部门,创建有利于孩子成长的学习、娱乐环境,如建立儿童读书室、儿童活动室等,同时开展一些儿童活动和亲子游戏活动等,创建一个和谐温暖的社区氛围,以促进儿童的健康成长和社会化。

五、评估和结案

通过社会工作者对小星的访谈、观察及评估等举措,发现计划目标已经达到,小星成绩明显进步,在校表现良好,与同学关系融洽,有很多玩伴,并参加了学校的英语兴趣班。此外和父母关系也很融洽,父亲基本没有再体罚过他,现在的小星很活泼开朗。

每个个体在成长发展的过程中都会遇到各种各样的问题,找到问题的诱因并加以解决才是关键。在本案例中,社会工作者以生态系统理论的视角切入,对孩子的相关系统进行了解和剖析,找出孩子的问题和需求所在,并通过社会工作的专业方法、理念和技巧对孩子进行干预,从而达到较为理想的效果,使得孩子能够正常地融入学习和生活之中,更好地社会化。那么请大家进行积极思考,是否还有其他的理论和干预模式对本案例同样适用呢?在干预过程中需要注意哪些伦理问题呢?

三、社会工作理论本土化

尽管我国社会工作专业教育在 21 世纪取得了较为快速的发展,社会工作专业实践也取得了一定进展,在一定程度上能够体现社会工作专业化、职业化水平的社会工作者职业水平考试也在全国展开,但是由于本土社会工作理论建构的严重不足,在专业教育及实务中采用的理论、方法及技术技巧主要或基本是借用西方的,这种局面已极大地制约着我国专业社会工作的进一步发展。因此,带领本土社会工作走向专业化和职业化成为本专业进一步发展的必然要求和必然趋势。

(一)本土社会工作理论不足的制约

1. 社会工作教育层面的制约

2000 年以后,伴随着高等教育规模的不断扩展,高校社会工作的建设也紧随其后,开办社会工作专业的高校越来越多。但是,由于社会工作及其教育尚未高度理论化、体系化,导致社会工作专业的毕业生就业渠道狭窄或者就业选择不明确,社会工作专业学生在学校所学的知识技能也很难运用到实际工作过程中,因此该专业的学生对就业前景感到茫然,绝大多数学生毕业之后选择了与本专业无关的工作。这样的现状无疑不利于社会工作专业的进一步发展和壮大。

2. 社会工作职业化的不足

对社会工作的概念进行本土的界定对于社会工作职业化的推进有着至关重要的作用。这不仅关乎社会工作就业领域和岗位的认定,更加关乎社会大众对社会工作专业的认可度。在中国,社会工作实务的外延设置十分宽泛,公共服务和社会管理等相关领域都有社会工作人才的身影,这与我国教科书中借鉴西方的社会工作概念界定有着很大的区别。在西方,社会工作是一项专业服务,运用专业的技巧、方法、理念去帮助有需求的群体,这显然与我国的实际有着较大的差异。以上种种导致我国社会工作专业的毕业生大多选择流到别的行业,而非选择自己的本专业,选择从事社会工作的同仁也会因为薪资待遇较低、工作内容烦琐而转行,这样的局面亟须被打破。

3. 社会工作学科在学术界的地位难以凸显

新中国成立初期,社会学和社会工作被取消,直到20世纪80年代后期,社会工作专业才得以在高校恢复重建。但是限于本土的实际情况和实践经验,在传授课程的过程中大多采用的还是西方的理论体系和方法,缺少本土的学科和专业特色。因此,社会工作专业的领跑者和政策制定者需要进一步加大力度,从理论和实践中汲取新的经验和理念,为社会工作专业更深层次的本土化奠定基础。

(二)本土社会工作理论的构建

为促进中国本土社会工作理论的构建,需要经过一系列的努力方可有所为。其中最为重要的是将西方的理论经过本土化的改造,融入中国的社会工作实践当中,切忌照搬照抄,要符合中国的国情。此外,对在实践中的一些有意义、有实效的非专业意义的社会工作传统手法进行归纳和总结,同样是建构本土社会工作实施理论的重要途径。

目前,社会服务项目化成为我国近年来社会治理体制机制运行中的一个极为独特的现象,得到了不少学者的关注。项目成为连接政府与社会大众的桥梁,由社会组织承担,因此政府部门需要选择有资格和能力的社会组织来进行项目的实施,而这个过程通常被称为外包。目前,政府对于社会工作服务项目的外包是在有关政府购买社会工作服务项目的政策引导之下进行的。在社会工作发展进程较快的上海和深圳两地,它们在实践中根据自己的实际情况做了很多探索。总体来看,政府购买社会工作服务项目主要通过三种方式实现外包:项目招标发包、项目委托发包、公益创投。这样的动作实质上是中央和各级地方政府通过财政资金转移支付来进行社会治理,达到既保持对基层的专业权威,同时又调动地方和基层专业和能动力量的积极目的。①

案例4-2:专业社会工作服务的街区嵌入过程②

本案例是从Z市M区T街的一个专业社会工作服务嵌入过程的研究中总结提炼而来的。

T街地处较为繁华的市中心,是一条行政街。该街道因表现尚优曾多次获得省市级以及国际级的社区建设试点机会,可以说是同等级别和类型街道中的佼佼者,是社区建设和改革的排头兵,因此,该街道的各类社区服务都由政府直接进行统筹和管理。后来,T街就成为Z市借鉴香港社会工作经验来推广相关社会工作治理理念和治理服务的社区综合

---

① 陈为雷.政府和非营利组织项目运作机制、策略和逻辑:对政府购买社会工作服务项目的社会学分析[J].公共管理学报,2014,11(3):93-105,142-143.
② 朱健刚,陈安娜.嵌入中的专业社会工作与街区权力关系:对一个政府购买服务项目的个案分析[J].社会学研究,2013,28(1):43-64,242.

服务中心的试点。Z市因此次尝试是新的探索之故,不敢冒进,将服务方式限于政府购买服务,其提供了三种模式供街道进行选择,这三种模式分别是:政府购买社会工作机构的服务,政府对相关事项进行直接的管理,以及混合管理的模式。尽管如此,相关领导也明确提出了要求,服务管理需要以政府购买社会工作为主,项目工作人员也同样要以专业社会工作者为主体。此外,他们还制定了相应的量化指标,激励基层政府选择购买更为专业化、多样化的社会工作服务。然而基层政府部门更愿意选择政府直接管理的模式,以此将资源掌握在自己手中,对上级政府所期待的社会管理体制改革并不热衷。显然,这样的做法最终没有得到上级政府的支持和认可,区政府依旧坚持让街道进行公开的招标,把项目给民办社会工作机构进行运营,并相应提高财政经费来稳定军心。最终,项目被一家由高等院校社会工作专业教师发起并建立的社工机构认领,该项目成为机构注册以来的首个正式项目。机构承诺将该综合服务中心打造成一个新的地区亮点,为该社区的居民提供专业化、全面的、多元的社会工作服务。经过多方位的评估和考量,T街道最终决定和该社工机构进行合作,并共同建设社区综合服务中心。该社工机构遂下派7名专业的社会工作者,1名项目部的主任以及1名项目督导进入到社区进行项目的具体落实工作。

  社会工作服务是社会工作专业人才运用专业方法、知识、技能为有需要的人群提供包含困难帮扶、矛盾调解、人文关怀、心理疏导、行为矫治、关系调适、资源协调、社会功能修复和促进个人环境适应等的专业服务,是公共服务的重要组成部分。以往,我国政府通常会通过福利事业单位提供社会工作的服务,采用按人头拨款的方式支付服务人员的有关工资和服务费用,由此,资金流动仅发生在体制内。随着经济社会的不断发展和人民生活水平的提高,人们对社会工作服务的需求日益增加,但政府直接提供服务的成本高、效益低、手段单一等弊端也日益凸显。因此,在这种情况下,我国各地借鉴西方发达国家政府购买服务的做法,将社会工作服务项目外包给社会组织。在这里,政府以项目的形式对社会组织进行资金的供应,社会组织以项目的形式申请资金并提供相应的服务,资金分配超越了条线体制,达到了互利共赢的局面。

但是政府购买服务的方式中也存在些许弊端,例如社会组织在执行项目的过程中不能完全按照自己的意愿进行操作,需要迎合相关部门的政绩需求进行一些不必要的举措。此外,社会组织的资金来源较为单一,仅仅依赖政府的项目供给从很大程度上无法达到专职社会工作者体面的薪资水平,倘若能够加大社会组织和企业或是其他主体的联动,会有更加积极的效果。尽管社会服务项目化的过程充满了很多的挑战和不确定因素,但是,它创新了社区治理的模式,改变了原有的陈旧的社区治理体制,是社区治理改革的一大突破,也为社会工作专业提供了本土化的有利途径。

第二节 社会工作理论流派

前一节的内容,具体讲述了社会工作理论的意义、类型、基础等。据前文所述,社会工作理论来源于各个方面,本节将借鉴社会学界学者罗列的西方社会工作理论流派,对社会工作实务中所包含的理论进行整理汇总,并用实例去说明,最后进行总结。

一、西方社会工作理论流派

关于西方社会工作理论流派的概述,社会工作界著名学者王思斌已经对此做了相关论述。西方社会工作在其发展中,借用和形成了一些不同层次的理论。参照大卫·豪和马尔科姆·佩恩等人的著作,我们可以将西方社会工作理论大致概括为如下诸种:

（一）心理分析学理论

这是以弗洛伊德及其追随者们的著作、学说为基础形成和发展起来的一种社会工作理论，也是迄今为止历史最悠久、影响最广泛的一种社会工作理论。它认为人的行为是由本能所驱使，而由人格结构中的"自我"与"超我"所控制的。不良行为的产生源于由各种本能集合而成的"本我"同"自我""超我"之间关系的失衡（"本我"受到过度压抑或"自我""超我"发育不全等）。社会工作的主要任务就是对服务对象的变态人格进行治疗，帮助服务对象恢复"本我""自我"与"超我"之间的平衡，并应用心理分析的基本理论方法来完成这一任务。

（二）认知理论

这是以认知心理学为基础形成和发展起来的一种社会工作理论。与心理分析学不同，它认为人的行为主要是受制于理性思考，而不是潜意识中的本能。不良行为主要产生于认知上的错误或理性思维能力的缺乏，社会工作的主要任务就是要帮助服务对象获得对世界的正确认知或完善理性思考的能力，从而使服务对象的行为能得到正确的、理性的指引。

（三）行为主义理论

这是以实验行为心理学为基础而形成和发展起来的一种社会工作理论。与心理分析学派和认知理论相似，它也认为社会工作的主要任务就是要对服务对象的不适当行为进行治疗或矫正，但它不是应用心理分析或认知心理学而是应用行为心理学的理论（如条件反射、条件运算、学习理论等）与方法（如实验等）来完成这一任务。它认为心理分析及认知理论将关注的焦点放在难以观察、验证的内心世界上是一种不智之举，我们真正能观察到因而也能关心的只是个体的外显行为而已。它认为行为是个体对当前环境所作的反应，不适当的行为是个体对当前环境所作的不恰当的反应，社会工作就是要帮助服务对象学习和掌握恰当的反应模式。

案例4-3：社会学习理论在企业社会工作服务中的应用
——以外来青工求职技巧小组为例①

一、小组实施背景

深圳是外来建设者较为聚集的城市，据深圳市Y区某社工机构开展的服务需求调查活动显示：该区21~30岁外来青工占到务工人口总数的65%，且在这些服务对象中，86%认为培训及能力提升机会太少，希望有条件参加技能培训等活动。因受自身学历、性格及环境影响，"频繁更换工作"成为外来青工"我认为最想改变的状况排序"第一位。从青工需求出发，社工策划了此次求职技巧小组，旨在帮助外来青工建立自身学习系统，体验互助式经验学习氛围，以满足外来青工的迫切需要。

二、理论运用

本小组主要采用班杜拉社会学习理论中自我效能和经验学习相结合的方法。自我效能是指个体以自身为对象的思维的一种形式，即个体在执行某一行为操作之前对自己能够在什么水平上完成该行为活动所具有的信念、判断或主体自我感受。外来青工在求职过程中对自我认识、自信程度、职业判断、工作动机等的感受都会直接影响到职业的获得和坚持。

本小组主要从服务对象自我效能感来源上着手，通过求职经验分享、学习常用求职技巧等替代性经验，以及模拟情景和实战演练等，有针对性地提高组员的正向自我效能，克服组员在求职中遇到的自信心不足和求职经验不足等困难。通过行动性学习和替代性学习的结合，由浅入深设计小组内容，做到"总结—汲取—实践"三个步骤提升求职技巧。

（四）社会系统理论

这是以一般系统论及其社会学版本——结构功能主义等为基础形

---

① 王佳.社会学习理论在企业社会工作服务中的应用：以外来青工求职技巧小组为例[J].知识经济，2014(9):117-118.

成和发展起来的一种社会工作理论。它把人与生活环境看作是由功能上相互依赖的各种元素所组成的系统整体；协调或均衡是该系统运行与维持的基本条件，也是个体生存与发展所必需的基本条件。当这个条件得不到满足，即系统内部的各个子系统或各个元素之间不能有效配合、相互协调时，系统均衡就会受到破坏，个体的生存与发展就会出现问题。社会工作的基本任务就是要帮助恢复各个子系统或元素之间的均衡关系，使它们能够重新有效配合、相互协调。20世纪70年代以来，社会系统理论对社会工作产生了并持续产生着巨大的影响。

（五）标签理论

这是以社会学家勒麦特和贝克的理论为基础而形成的一种社会工作理论。这种理论认为许多人之所以成为"有问题的人"，是与周围环境中的社会成员对他及其行为的定义过程或标定过程密切相关的。因此，社会工作的一个重要任务就是要通过一种重新定义或标定的过程来使那些原来被认为是"有问题的人"恢复成为"正常人"。

（六）沟通理论

这是以社会心理学、人类学和社会语言学中有关人际沟通的一些理论为基础而形成的一种社会工作理论。这种理论强调人际沟通在人际关系中的重要性。它认为许多的行为问题都出自人际沟通方面，如不能恰当地接受、选择与评估信息，不能很好地给予或接受信息反馈等。社会工作的一个基本任务，就是帮助人们消除这些沟通过程中的障碍，使人们的相互沟通得以顺利完成。

（七）人文主义理论

这是以马斯洛的人本主义心理学、胡塞尔与舒茨的现象学与布鲁默的符号互动主义等为基础而形成的一种社会工作理论。它认为每个人都生活在"意义世界"当中，而每个人的"意义世界"都是通过自己对这个世界的"理解"或"解释"建立起来的。当人们的"理解"或"解释"过程发生困难(如现在与过去的理解不一致、自己与他人的理解不一致)时,问题便出现了。社会工作者的任务就是要去努力"理解"服务对象的"意义世界"及其内在矛盾,帮助他们顺利重构自己的"意义世界"。

(八)激进的人文主义理论

这是以早期马克思与现代批判理论家(如葛兰西、马尔库塞、哈贝马斯等)的某些理论为基础而形成的一种社会工作理论。作为一种人文主义,它也认为人们生活的世界是一个"意义世界"。然而作为激进人文主义,它又指出这个世界充满了不公正的事实。与一般人文主义不同,它认为人们在"意义世界"里经历的许多人格的、心理的问题都只有依据现代资本主义社会的反人道特征才能被理解。社会工作者的任务就是要与服务对象一道,通过改造现存的社会秩序,来解决人们在"意义世界"所遇到的许多问题。激进人文主义虽然要求改变社会现实,但其最终关注点却仍然是服务对象"意义世界"的变化。

(九)马克思主义理论

这是以马克思主义的基本理论(社会存在决定社会意识、经济基础决定上层建筑、阶级斗争决定社会结构及形态的变迁等)为指导而形成的一套社会工作理论。与激进人文主义相似,它主张从社会存在、从经济基础、从阶级压迫中寻找社会问题产生的根源,主张社会工作的任务就是与服务对象一道,通过阶级斗争或其他集体行动改变现有的社会现实来解决这些社会问题。与激进人文主义不同的是,马克思主义更多地关注社会结构本身的改变,而较少关注服务对象心理、意识状态上的变化。

(十)"增权"或"倡导"理论

这是从马克思主义理论变通而来的一种社会工作理论。马克思主义希望通过大规模的社会变革来解决现存的各种社会问题。然而现实中许多可行的社会工作却是与个体、家庭、群体或小型社区有关的。为了能给这些小规模的社会工作实践以理论上的指导,将这些小规模的社会工作实践与社会变革的大目标协调起来,一些倾向马克思主义的社会工作者提出了"增权"或"倡导"理论。这种理论主张在宏观的社会变革未发生之前,社会工作者应协助服务对象为了他们的利益向现存的社会结构争取权利,促使现存的社会结构做出一些有利于服务对象的制度或政策安排。

（十一）女权主义理论

这是一种与激进人文主义或马克思主义理论有密切联系的社会工作理论,主要植根于20世纪60—70年代以来的妇女运动。它主要关注女性所受到的压迫,认为女性所遭遇到的许多生活问题都是性别压制的结果,社会工作的目标就是探索并去消除社会中由于性别主义所造成的女性痛苦,促使她们有更多的自由、有更大的能力去追求个人的成长与发展。

（十二）叙事治疗理论

这是一种从后现代主义思潮中引申出来的社会工作理论。受后现代主义思潮的影响,这一理论认为服务对象所遭遇的各种心理或行为问题都是由人们(服务对象、与服务对象有关联的人、社会工作者等)以特定叙事(通常是那些在现实生活中占据主流地位的叙事)建构起来的,而不是一种内在于服务对象的人格或生活情境中的"固化实在";在一种叙事中被确认是"问题"的行为或现象,在另一种叙事中则可能被确认为不是问题。因此,社会工作者的主要任务就是要帮助服务对象去突破现有主流叙事的束缚,通过一种新生活叙事的建构来重新理解或建构服务对象的生活,从而消除原有"问题"对服务对象所造成的困惑[①]。

---

① 王思斌.社会工作概论[M].3版.北京:高等教育出版社,2014:64-67.

案例 4-4：重写故事：叙事治疗在未婚先孕青少女个人充权中的运用[①]

一、案例背景

小 M，17 岁，来自单亲家庭，父母在她 4 岁的时候离婚。她与母亲同住，和父亲多年没有来往。她的母亲是一名小学数学老师，对其抱有很高的期待。小 M 在上高中之前都是老师和同学眼里品学兼优的好学生。在上高一的时候，小 M 认识了一个校外的男生，双方在很短的时间内就成为男女朋友。高二上学期的时候，她发现自己已经怀孕 4 个月，手足无措的她找到男友，男友却很快地消失无踪了。小 M 在母亲的劝说下在医院进行了人工流产，之后她便一蹶不振：失去孩子的悲伤和巨大的羞愧感让她足不出户，辍学在家。

二、理论运用

第一阶段：情感支持及外化问题。在社工与小 M 的对话中，小 M 决定将困扰她的问题外化并取名为"闲言闲语"及"自责的乌云"。在小 M 的自述中，"闲言闲语"代表了她想象中别人对她未婚怀孕的议论，"自责的乌云"则代表了她对孩子的自责及对自己的年少无知的悔恨。

第二阶段：解构及重塑生命故事。通过对话，小 M 渐渐能看到主流的男女不平等的权利关系对她产生的影响，了解到为什么她那么在意"闲言闲语"和"自责的乌云"。通过理清主流文化和论述对其问题的影响，小 M 重新定义了她的问题，学习不再用他人的眼光和标准来评价自己，转而更加关注自己的情感和想法。当小 M 更加关注自身而不是外在的评判，她的故事也随着改写了。她不再认为自己是一个"不道德""蠢笨"的女孩，而是一个需要爱也渴望爱、勇敢寻爱却受伤的女孩。之后，小 M 找到了她对抗"闲言闲语"与"自责的乌云"的法宝：她曾经展现出来的勇敢和无畏，她给这个新发现的法宝起名为"本真无畏"。

[①] 黄丹.重写故事：叙事治疗在未婚先孕青少女个人充权中的运用[J].华东理工大学学报(社会科学版),2015,30(5):63-71.

第三阶段：固化及延展新的故事。为了进一步巩固她的新的生命故事，社工在接下来的介入中运用了叙事治疗的另一个手法"回响"，邀请了她生命中一直给予她支持的重要人物——她的母亲来参与会谈，倾听她的故事并给予她回馈，在此过程中她的母亲与她一起回忆了在她的生活没有被"闲言闲语"和"自责的乌云"纠缠前的日子，又举出许多例子进一步支持了她"本真无畏"的新武器。小 M 母亲的参与，让小 M 更加坚定了其新故事的解读，并尝试用更加正面的思维去看待自己和自己的经历，变得更加有勇气去克服被她内化的问题。

在这个过程中，她逐渐摆脱了"无能""无助"的感觉，对自己恢复了勇气和信心。就这样，小 M 改变了对自己的认知后，得到了来自社工和家庭的关怀和支持，内生的力量加上外在的助力，使她的生活发生了变化：她改变对自己的认知，渐渐重新找到勇气走出家门，同时也开始思考要如何走接下来的人生。

二、社会工作实务中的理论流派

上一小节主要讲了西方社会工作的理论流派，在具体实务开展过程中，学者们也进一步发展了一些实务理论。本节将对社会工作实务中的理论展开描述，对于前一节出现过的理论将不再叙述。

（一）社会支持理论

社会支持作为一种社会事实一直存在于人类社会发展的各个阶段。在社会工作中，借助外部的力量帮助他人获得情感性或物质性资源以克服困难的行为都应属于社会支持。与之相对应的社会支持理论的主要构成部分有系统论、社会整合论、社会支持网络理论与社会资本论。在生活中，人与人之间的相互支持对于维系正常的社会生活是必不可少的，该理论也被广泛运用于社会工作实务中。

该理论被广泛运用于社会工作实务中，特别是社会弱势群体中，如困境老人、贫困户、自闭症儿童、精神病患者、留守儿童等。随着社会的发展，社会工作的服务对象由特殊扩展到所有有需要的人，在此基础上，该理论的运用范围更加宽广，如城市流动人口家庭、回迁长者与随迁长者等。

案例 4-5："漂族有巢"社会支持网络下随迁老人的社区个案介入①

一、案例背景

"一个人，一支又一支烟，每天的生活状态就是买买菜、做做饭、看看电视、写写字，接送外孙上下学。虽然自己对这种独居生活不排斥，但长期过这样的生活自己也觉得无聊、孤独。来到这里17个月，社工还是家里的第一个客人……"一次偶然的机会社工与服务对象第一次会面。

刘叔，男，62岁，退休前为教师，湖北孝感人。女儿在田东中学当老师，住在鹏湾一村，前年刚生完二胎。老伴目前在罗湖一家托儿所工作，工作单位包食宿，老伴一周回一次家。案主外孙在外国语小学念书。案主在老家有较强的社会关系网络，同事、好友都在老家。退休来到深圳后，对周围环境不熟悉，也没有认识的朋友，缺少社会交往平台，朋辈及社区支持弱。

二、介入理论运用

社会支持概括而言，就是社会支持的提供机制，是社会个体从社会和他人处获得支持的总称。介入理论重视在问题中个人的社会网络以及获得支持的程度，协助个人发展或维持社会支持网络，以提升其因应生活压力事件的资源。在本案中，案主属于随迁老人，正式的社会支持系统有公安局、社区、老年人协会等，非正式的支持系统有亲友、邻里等，这些社会支持系统极为薄弱。基于此，本案在社会支持网络理论指导下采用个案管理模式，通过多元介入，整合社区资源，从正式社会支持和非正式社会支持两个方面介入增强案主与各社会支持系统之间的联系，构建一个范围广、资源丰富的社会支持网络。

---

① 胡小静."漂族有巢"社会支持网络下随迁老人的社区个案介入[EB/OL].（2020-07-25）[2021-11-14]. https://mp.weixin.qq.com/s/YlvYpD2SGHu3_0nHjlplvA.

(二) 优势视角理论

该理论形成的契机是塞勒伯和拉普对于"问题模式"的反思。"优势视角"是一种关注人的内在力量和优势资源的视角,着重强调人们及其环境中的优势和资源,并将其作为社会工作助人过程中所关注的焦点,从而抛却对案主问题和病理的关注。优势视角立足的基本信念是个人面对环境和生活的挑战具备有效应对的能力与内部资源。

优势视角理论不仅在社会工作实务中被广泛运用,也是其他专业领域研究的理论基础。在社会工作实务中,优势视角理论不仅可以运用到对各种服务对象的服务中,也可以用于社会工作者自身能力的提升。

案例4-6:优势视角下社区组织骨干的培养[①]

一、案例背景

木棉湾社区地理位置优越、交通便利,人流量较大。社区总人口约20 002人,其中50~60岁阶段的居民有2 099人,60~70岁以上老年人800人,70~80岁老人为303人,80岁以上老人76人。社会工作者出于所服务木棉湾社区培育社区领袖与社区社会组织的考虑,尝试以木棉湾社区"关爱老年人,健康伴我行"协会(简称协会)的介入社区长者服务,融入社区社会组织力量,以更好地满足长者的需求,同时推动社区社会组织的发展。

二、理论运用

基于优势视角,社工从以下几方面尝试协会骨干的培养:

第一阶段:赋权。提升协会骨干的自我肯定和自我认同。

第二阶段:"抗逆力"。提升协会骨干的抗逆力,主要从骨干个人及外部环境两个方面进行。协会骨干个人:开展抗逆力主题的协会骨干会

[①] 邓海玉,杨怡妮.优势视角下社区组织骨干的培养[EB/OL].(2019-03-29)[2021-10-30]. https://mp.weixin.qq.com/s/T86VkkN9oG_0gdQ-DYb45A.

议,利用头脑风暴法,带领骨干了解自身的抗逆力如何带领个人去应对风险;外部环境:提供骨干适应和成长的时间,给予积极支持。

第三阶段:"对话和合作"。培养协会骨干内外沟通、团结合作的能力。首先,完善会议制度和线上、线下交流途径;在协会内营造平等、尊重、互助、合作的氛围,组织开展丰富多彩的互动活动;整合社区资源,带领协会骨干与社区其他主体进行交流,形成社区内的合作意识,相互间建立平等的对话和合作关系。

第四阶段:"复元"。激发协会骨干潜能并付诸行动。在能力重塑的关键期给予积极强化,保证重塑的稳定性与长久性。通过提供具体的平台让协会骨干展示重塑后的自己,凸显更为积极优秀的协会骨干形象,在协会事务及社区建设事务中发挥骨干的榜样示范作用,突出个人形象的转变,在实践中进一步加深协会骨干的能力培养。

(三)危机干预理论

危机干预理论的基本假设,是人们都处于一种稳定的生活状态,能够应对生活中的各种变化。危机的出现,扰乱了人们习惯的稳定状态。与此同时,人们自我调节的能力也会受到影响,譬如人们应对突发事件时,自我调节能力就会降低。它是对危机情景中的个体给予短暂帮助和关心的过程,又称危机急救。更多用于个案工作[①]。

(四)需要理论

需要是有机体内部的一种不平衡状态,它表现在有机体对内部环境或外部环境生活条件的一种稳定的要求,并成为有机体活动的源泉。人的需要按照起源可分为自然需要和社会需要;按照指向的对象可分为物质需要和精神需要。自然需要包括饮食、运动、休息、睡眠、排泄、配偶、子嗣等;社会需要包括劳动的需要、交往的需要、成就的需要、社会赞许的需要、求知的需要等。物质需要指向社会的物质产品,并以占有这

---

① 文军.西方社会工作理论[M].北京:高等教育出版社,2013.

些产品为满足;精神的需要指向社会的各种精神产品,在享受这些精神产品的过程中得到满足。

1. 马斯洛的需要层次理论

马斯洛认为,人的需要是由5个等级构成的,它们按照从低级到高级的排列分别是:生理需要、安全需要、归属和爱的需要、尊重的需要、自我实现的需要。马斯洛把当得不到满足时将直接威胁个体生存的需要叫作低级需要或缺少性需要。那些并非生存所绝对必需的,可以做一定的延缓性满足的需要,被叫作高级需要。高级需要的满足可以使人健康、长寿、精力旺盛和富有创造力,因此,高级需要也叫作发展需要。

2. 舒茨的人际需要理论

舒茨的人际需要理论主要是阐述人际关系的形成、取向类型以及小组聚散过程特征的理论。了解这一理论会提高社会工作者在小组工作过程中对组员的行为和组员之间关系的洞察力。舒茨的理论主要有以下几点:

(1) 每个人都有三种基本的人际需要:包容需要、支配需要、感情需要。包容需要是指与人接触、交往、隶属于小组的需要。支配需要是指控制别人或被人控制的需要。感情需要是爱别人或被爱的需要。

(2) 需要满足方式相对的继承性与连续性。童年的人际需要是否得到满足,以及满足所形成的行为适应方式,影响并决定着个体在成人期对待他人的方式。三种需要早期满足的情况和方式与个体后来的行为方式存在着密切的关系。

(3) 基本人际取向。根据三种需要的相对强度和表达的主动或被动性,舒茨界定了六种基本人际关系取向。主动包容型、被动包容型、主动支配型、被动支配型、主动感情型、被动感情型。舒茨发现,相同类型者在一起大都能较好地相容,尤其是相同需要的主动者和被动者常常能够互补,但同属主动支配者在一起就不易相容。

(4) 关于"相容"。舒茨认为人际关系中存在着三种人际相容:互换的相容,指两个人在上述六种人际关系上所表达和希望的行为总和相等,此时能产生最大限度的相容;发动的相容,指一个人常有意使自己的表现去和另外一个人发生互补,如见到对方希望拥有领导地位,就表现出顺从或愿意受控制的行为;交互的相容,双方都在某种需要上表现与对方一致,如一方需要沟通,另一方也表现出渴望沟通,一方不想交谈,另外一方也停止交谈,总之,双方的需要与愿望表现出尽可能的相符。舒茨认为,一个人如果和对方在相容性上有差异,他就会同更相容的人接近,从而彼此感到满意或喜欢。

(5)关于小组的形成与瓦解。与不相容的小组相比,相容小组有更大的凝聚力,能够更有效地达到目标或产生高生产率。小组的形成发展要经历沟通、控制与爱三个阶段。

(五)小组动力理论

这一理论是由心理学家勒温创立的。小组动力理论(又称小组动力学)研究内容包括小组的形成、维持、发展,小组内部的人际关系,小组与个体的关系,小组的内在动力,小组间的冲突,领导方式对小组的影响,小组行为等。勒温始终强调小组是一个动力整体,应该把小组的每个部分放在整体中进行研究。

(六)镜中自我理论

库利(Charles Horton Cooley)是美国社会学家、社会心理学家,被认为是最早提出镜中自我理论的社会学家之一。与镜中自我相关三个主要观点如下:

1. 人与社会的关系

社会是一个有机体,是一个通过互动而存在和发展的各种过程的复合体。社会是一个统一体,在社会这个庞大的互动组织中,它的任何一部分的变化都不可避免地会影响到这个有机体所有的其他部分。

2. 镜中自我

在与他人的互动过程中,我们通过感知他人对我们的反映和评价,从而建立起我们的自我意识、自我形象和自我评价。他人犹如一面镜子,我们正是从他人这面镜子里发现了我们的自我。同样,通过他人这面镜子,也就是通过他人的反映和评价,我们看到自己的风度、行为、性格等是否合适,是否需要修正。我们对他人眼中自己形象的想象,对他人关于这一形象评价的想象以及某种自我感觉,构成了我们的自我认识。

3. 首属小组

库利首次正式提出并使用了"首属小组"这个概念,它是指那些亲密的、面对面的交往以及有直接互动和合作的小组。这些小组主要包括家庭、邻里以及儿童游戏伙伴。首属小组是对个人的成长发展影响最深远的小组。很多积极的品质和消极的品质都是在首属小组获得并强化的。

(七)交流分析理论

是由美国精神分析学家波恩于1961年创立的一种以精神分析为基础的心理治疗的理论和方法。波恩认为:"社会交往就是相互影响的过程。当两三个人或更多的人互相碰在一起的时候,迟早某人要说话,或者向其他人致意,这就叫作相互作用刺激。另外的人会说一些或做一些与这种刺激有某种联系的事情,这就叫作相互作用反应。"交流分析理论的核心内容包括:

1. 关于自我状态

在我们的人格结构中,并存着父母意识、成人意识和儿童意识。波恩把它们叫作3种自我状态:父母状态、成人状态、儿童状态。父母自我状态的特征是"教导的""权威的";成人自我状态的特征是"理性的""逻辑的";儿童自我状态的特征是"情绪的""冲动的""自发的",常常是凭感觉。

2. 沟通形态

自我的三种状态汇合在成人的性格中,蕴藏在人的潜意识之中。每个人3种状态的比例不同。交流分析理论的目的就是发现个人的3种自我状态的哪一部分引起刺激和反应。波恩总结了3种交流的形态：互补型、交叉型、隐含型。互补型是一种符合正常人际关系的自然状态下的反应，是一种为人们所预期的反应。这种交流，互相影响中的刺激和反应是平行的，即一方以某种状态发出邀请，另一方做出相同的回应。交叉型也叫"交错型"交流，指当一个人发出信息后，没有得到预期的反应。隐含型也叫作"暧昧型"交流，是一种比较复杂的交流方式。在隐含型交流中，总是涉及两种以上自我状态，真正的信息往往没有明确表达出来，而是隐含在另外的社交客套的交流中。这种方式常常容易引起误会和不必要的麻烦。

3. 人生的四种基本态度

交流分析理论分析了个人与他人的关系，提出了四种不同的生活态度："我不好-你好"型，这是抑郁者的态度；"我不好-你也不好"型，这是严重精神紊乱或厌世者的态度；"我好-你不好"型，这是怀疑和独断的态度；"我好-你也好"型，这是一种健康的生活态度，认可自己也认可他人[①]。

(八) 社会冲突理论

在一般情况下，社会成员追求社会秩序的稳定与和谐，而不愿意看到社会冲突或对立。然而，失调和冲突也是人类社会生活所不可避免的方面。社会行动作为社区工作的主要介入手法之一，运用冲突的策略或方法来促进变化，便体现了社会冲突理论的基本观点和规范。社会行动假定社会问题的根源是不同社会群体之间的利益冲突，而社会变化是通过利益群体争取权力及资源的重新分配的集体行动来实现的。

(九) 社会交换理论

社会交换理论是社区工作重要的理论知识基础之一。社区本身作为一种社会交换场所，由不同的利益群体组成，并形成不同的组织结构，

---

① 刘梦.小组工作[M].北京：高等教育出版社，2003：30-40.

以交换各自需要的种种有形的和无形的资源或产品,如社区服务、货币、信息、观念、政治影响、良好愿望、顺从行为等。根据社会交换理论,社区内外部关系是一种有价值资源的交换关系。

(十)社会建构理论

社会建构理论给予社会工作实务的启示是,许多社会现象如健康、犯罪、贫困并不是简单地根据直观事实所定义的,而是包含在"由语言创造和维系的意义网络"中。这种符号网络系统构成了社会工作者和案主的社会条件。帮助案主认清构成自己生活的组织制度和社会环境、获得更多的资源和权利,是社会工作的重要任务。

(十一)组织理论

组织理论作为对组织内外结构的分析,其内容包括组织的正式和非正式结构、任务配置、决策、管理、人员、创新、组织变迁以及跨组织关系等。大量的社区工作实务涉及与其他团体、组织的关系,因此相关的"跨组织理论"具有重要的指导意义。一个社区组织可将自己作为执行特定职责的一个"中心组织",它必须与其他各类"外部组织"或"作业环境"打交道[①]。

社会工作专业历经100多年的发展,不但建立了完整的专业服务体系,而且在实践的基础上形成了丰富的社会工作专业理论。社会工作专业理论作为社会工作专业体系的重要组成部分,不仅使社会工作专业体系更加完整,使社会工作专业服务更加具有权威性和实践效能,而且也逐步确立了社会工作在社会科学学术制度体系中的地位。社会工作理论不但是社会工作专业知识产生与发展的重要标志,更为社会工作实践提供了方法和原则。

---

① 徐永祥.社区工作[M].北京:高等教育出版社,2004:58.

第五章

社会政策与社会工作

第一节 社会政策与社会工作

一、社会政策的内涵

（一）社会政策的定义

"社会政策"是个外来词，由"social policy"翻译而来；它出现的契机在于社会问题凸显，政府和民众希望寻求社会政策为他们指引方向、解决问题。

学界对于社会政策的定义有很多，不同的学者从不同的角度整理和罗列了不同的定义。本章结合各位学者的定义，将社会政策界定为国家或政府为解决社会问题、改善社会环境、促进社会公正和实现社会发展而制定和采取的各种原则、方针。① 其表现形式包括：法律法规，行政规定或命令、国家领导人口头或书面的指示，政府大型规划，具体行动计划、条例、措施、准则、方针和办法及相关策略等。

社会政策是一个变化着的概念，它的基本特征是社会性，70多年来我国经历了从没有明确的社会政策到形成以经济发展为基础、以社会安全为底线的社会政策的过程。新中国成立后，由于落后的经济基础和庞大数量的贫困人口，社会政策涉及面很少，多以经济政策为主。例如，从20世纪50年代开始在全国范围内实行的农村"五保"制度，由政府和集体负责保障孤寡老人及孤儿的衣食住行，就是典型的、制度化的社会政策。直到改革开放后，人们的生活水平提高，才有了涉及其他方面的政策，例如国务院于1997年发布《国务院关于在全国建立城市居民最低生

---

① 李迎生.社会工作概论[M].北京：中国人民大学出版社，2010：307.

活保障制度的通知》,这体现了社会主义制度的优越性,体现了党和政府全心全意为人民服务的根本宗旨,有利于维护社会稳定,促进经济体制改革的顺利进行。进入21世纪以后,随着市场化、城市化进程加快,国家经济实力大大增强,社会问题也变得异常尖锐,于是政府出台了一系列社会政策。例如政府以比较凸显的方式集中出台了一批惠及农村居民、残疾人、失依儿童、老年人、进城务工人员等弱势群体的政策,这是一些社会性比较明显的社会政策。① 这时也是王思斌学者提出了"我国将迎来社会政策时代"——社会公正理念在社会中获得普遍认可,社会福利政策被制定和实施,社会福利政策普遍发展并覆盖人们正常生活的诸多领域,有效实施社会政策的组织体系,经济政策与社会政策体系是整合的。②

(二) 社会政策的分类

当今学界对社会政策的分类研究争议较大。我们认为,不同的划分标准可以区分出不同类型的社会政策,都有一定的参考价值。社会政策的分类能够让学习者快速掌握类别,加深对社会政策的了解。通过参考多位学者的分类,本书总结了社会政策的分类。

1. 按照实施领域(对象)来分

社会政策可以大致分为社会保障政策、公共卫生政策(医疗社会政策)、公共住房政策(住房社会政策)、公共教育政策(教育社会政策)、劳动就业政策(就业社会政策)、社会福利服务政策、针对特殊人群的社会政策和其他领域的社会政策体系等。其中每一类社会政策还可以进一步进行分类,如社会保障政策就可进一步划分为社会救助政策、社会保险政策、社会优抚政策等。而这些具体的政策还可再进一步进行划分,如社会保险政策就可以进一步细分为养老保险政策、失业保险政策、医

---

① 王思斌. 我国社会政策的实践特征与社会政策体系建设[J]. 学海,2019(3):12-18.
② 王思斌. 社会政策时代与政府社会政策能力建设[J]. 中国社会科学,2004(6):8-11.

疗保险政策、工伤保险政策、生育保险政策等。

2. 按照政府介入程度和范围来分

依据政府介入程度和范围的不同,也可以将社会政策分为剩余型社会政策、制度型社会政策和发展型社会政策三种类型。[①]

剩余型社会政策的核心理念是社会政策只关注那些真正贫困的群体。这种类型的社会政策具有较强的选择性,它所关注的是所谓的"真正贫困者",以政府为主导的社会力量在解决社会问题的过程中是被动和消极应对的。这类社会政策的侧重点在于行善和社会救济,以满足真正生活困难的群体的基本生存问题。

制度型社会政策,最大的特点是以出台法律文件的形式保障公民的利益。它将社会政策作为国家或政府制度设置的一部分,国家或政府通过积极解决社会问题,满足公民的需要,为公民的安全和社会发展建起一道安全网,政府对社会保障、医疗卫生等福利领域都以法律文件的形式予以了规范化和制度化。

发展型社会政策强调在应对社会问题和公民需要时主体的多元性,强调公民个人、家庭、社会力量和政府共同合作解决问题,同时也强调将社会政策与经济政策相融合,使两者相互促进、共同发展。

3. 按照承接主体来分

社会政策可以分为单一型社会政策和多元型社会政策。社会政策的主体包括社会政策的制定者和责任者、政策资源的提供者、服务行动的组织者和直接供给者等。单一型社会政策是指主要将政府看作以上所有角色的集合,承担福利事业的所有职责。这必然增加政府的负担,导致行政效能降低和个人对政府的依赖等弊端。与此相比,多元型社会政策在强调政府主导地位的前提下,充分发动个人、家庭、社区、社会机构、企业等社会力量共同参与社会政策行动,而政府作为社会政策的制

---

① 陈红霞.社会福利思想[M].北京:社会科学文献出版社,2002:14-27.

定者、监督者和资金支持者。这样一方面提高了个人的责任意识,另一方面也弥补了政府力量的不足,减轻了政府的负担。

4. 按照资金来源和运行过程来分

社会政策可以大致分为纯福利型社会政策和准市场型社会政策。纯福利型社会政策是指社会政策的运行和服务的提供主要是由政府或"准政府机构"来发起,社会广泛实施再分配和收入转移,社会政策的目标群体可以无偿获得政府资助的公共服务而无需直接付费;这类社会政策注重公民的权利,体现了社会公正。准市场型社会政策是指社会政策的运行可以引入一定的市场机制,主要在改变政府的拨款方式、扩大受益者的选择范围、强化政策目标群体的责任和提高对政策实施机构的要求等方面,促使社会政策体系具有更高的效率,提高活力。

(三) 社会政策的功能

社会政策有许多功能,能够帮助解决社会问题、调和社会矛盾、促进公民幸福,于社会、社区、个人都有益处。

1. 社会政策的导向功能[①]。面对同样的社会问题或弱势群体,社会的各种力量对社会政策的诉求可能是相互冲突甚至相互对立的,在这种情况下需要有一种代表性的社会力量,从社会整体和长远发展的高度来制定一些引导性准则或规范,使社会资源在社会中能得到更加合理的配置。社会政策导向功能的目的就是要将社会生活中相互冲突的利益诉求与观念纳入统一而明确的目标中来。一方面使各种力量达成一定的共识;另一方面为人们的行为指明一定的方向,即社会政策要告诉人们面对某种社会问题,应该采取什么样的态度,政府、社会团体和公民个人等各种社会力量应该做些什么,从而对人的观念和行为起到一定的导向作用。另外值得注意的是,一项社会政策有时可能对人们的行为导向起积极作用,具有一定的正功能;有时也可能对人们的行为导向起消极作

---

① 丁建要. 社会政策概论[M]. 武汉:华中科技大学出版社,2006:19-22.

用，具有一定的负功能。

2. 社会政策的调控功能。社会政策的调控功能是指以国家或政府为主导的社会力量，运用社会政策手段对人的行为进行适当的调节与控制。社会政策实质上是在市场初次分配之后进行的再分配，它更加关注市场中的弱势群体，满足弱势群体的一些基本需要。这样就可以从一定程度上弥补市场的负面影响，对一些人的对立情绪和行为有着一定的疏导和缓解作用。社会政策对社会各阶级和阶层的各种利益诉求进行必要的协调和引导，使社会各阶级、阶层的矛盾和冲突限制在一定的范围内，不至于威胁到社会秩序的稳定。社会政策通过奖惩等措施，来达到对人的行为的控制。一方面对政策制定者所希望发生的行为予以物质和精神上的鼓励，从而激发和调动人们的积极性与创造性；另一方面对社会政策制定者不希望发生的行为予以禁止甚至惩罚，从而杜绝人的某些行为。

3. 社会政策的管制功能。为了解决一定的社会问题，维持社会的稳定和持续发展，社会政策不仅要对人的行为进行引导和调控，同时要明确禁止某些行为，这样，社会政策就具有一定的社会管制功能。比如对各种政策主体在社会政策运行过程中如何参与和参与到何种程度都做了较为明确的规定。

4. 社会政策的社会性功能。社会政策是统治阶级维护其统治的工具和手段，有维护社会稳定的功能。通过解决社会问题，缓解或协调社会各个阶级或阶层间的矛盾和冲突，从而有效地达到对被统治阶级进行控制，维护其社会统治的目的。社会政策也是市场机制的必要补充，它在促进经济和社会发展方面起着不可替代的作用。市场不是万能的，市场竞争下出现的大量贫困和失业问题，使一些人面临着最基本的生存问题，它违背了人类社会的人道、人权等理念。同时，经济发展的不均衡、贫富差距等问题也影响到社会的整体发展，需要国家或政府积极干预。

（四）社会政策与社会工作的联系

社会工作与社会政策联系紧密。在社会工作的实践过程中，需要参考社会政策的相关内容，政策是纲领性文件，以它为指引来策划服务的具体内容，能够保证服务内容跟着政策走，符合政策的要求。这有助于社会工作在服务过程中紧跟时事热点，不被政策抛弃。社会工作秉承"助人自助"的思想，提供助人服务，以弱势群体为主，而社会政策往往也会向这类弱势群体倾斜，二者在这方面契合。

就社会工作者而言，社会工作者是社会政策的影响者。案主问题的出现，既有个人层面的原因，也有社会层面的原因。因此，解决案主的问题不是仅仅通过微观层面的直接服务就能彻底解决的，往往还需要宏观层面的社会政策的配合。社会工作者应当将其工作经验、教训和发现反馈给政策制定者，促进相关人员对社会政策的修正和调整。而社会政策的传达与推广往往也需要借助社会工作者的力量，社会工作者需要知晓了解政策的具体内容、程序步骤等，将政策传达给需要的群体，增进他们对政策的认知，使其能更好地运用政策，改善他们的生活。

就社会工作职业化而言，社会政策制订了相关的条例法规，推动职业化进程的发展。社会工作的职业化发展必须要有一定的制度保障，必须高度认识政府在社会工作职业化实现过程中的主导作用。2007年，中共十六届六中全会中《中共中央关于构建社会主义和谐社会若干重大问题的决定》（简称《决定》）指出"要建设宏大的社会工作人才队伍。造就一支结构合理、素质优良的社会工作人才队伍，是构建社会主义和谐社会的迫切需要。建立健全以培养、评价、使用、激励为主要内容的政策措施和制度保障，确定职业规范和从业标准，加强专业培训，提高社会工作人员职业素质和专业水平。制定人才培养规划，加快高等院校社会工作人才培养体系建设，抓紧培养大批社会工作急需的各类专门人才。充实公共服务和社会管理部门，配备社会工作专门人员，完善社会工作岗位设置，通过多种渠道吸纳社会工作人才，提高专业化社会服务水平"。

《决定》为社会工作的职业化发展指明方向,同时在《决定》精神的推动下,国务院及其有关部委(比如人事部、民政部等)都积极地行动起来,共同推进社会工作的职业化和专业化建设。

就社会工作的薪酬政策而言,为加快推进社会工作专业人才队伍建设,不断提高社会工作专业化、职业化水平,2016年民政部等出台了《关于加强社会工作专业岗位开发与人才激励保障的意见》[①],合理确定社会工作专业人才薪酬待遇,加大社会工作专业人才表彰奖励力度,努力提高社会工作专业人才职业地位等。相关政策的颁布保障了社会工作者的合法权益,破解制约社会工作专业人才使用的瓶颈问题,保障社会工作事业全面健康可持续发展。

社会工作与社会政策的关系是双向的,社会工作服务的实施能够让政策制定者关注到某一群体,看到他们的难处,从而为他们制定适合的政策,保障和维护他们的利益,推动政策的颁布或进一步促进政策的完善;政策的颁布和推行能够为某一群体谋取福利,促成社会服务更好地开展。

二、社会工作与社会政策

(一) 社会工作服务助推社会政策的颁布

社会政策包含的内容繁杂,涉及的版块众多,需要与时俱进,不断改变更新;单靠政策制定者去想如何制定政策的内容显然不够,有时候可以借助社会工作。社会工作服务能够直接接触到服务对象,对于他们的需求和问题也更加了解,在具体服务过程中遇到难以解决的问题可以向上反映,从而加速政策的讨论与落实。案例5-1就是从新闻报道时受到关注,再由社会组织介入,最后促进或推动相关政策的落实。所以说,社会工作能够助推社会政策的颁布。

---

① http://xxgk.mca.gov.cn:8011/gdnps/pc/content.jsp?id=14225&mtype=1

社会工作在服务的过程中,促进政策变革、促进政策朝更加有利于国民福利提升的方向不断进步,能够为国民提供更好的服务,解决更多的社会问题。同时,社会工作者实际上就是社会政策的执行者、落实者,在具体服务过程中能够洞察政策利弊,在实践中不断总结经验反思,促进政策的修改与完善。因此,社会工作者常常是社会政策变革的倡导者、推动者。

案例 5-1:危机中的孩子:带离后的回归

该案例以姐弟三人为案主:老大小梦,女,2008年生;老二小龙,男,2010年生;老三小虎,男,2013年生。案主家位于苏北某村,居住环境卫生状况恶劣,生活状况糟糕。案主父亲因肺癌已于2012年年底去世。案主的母亲罹患重度精神疾病,于2013年年底病逝。三个孩子失去了父母,如何妥善处理其监护问题被社会关注。

根据案主的困境,社会工作者制订了服务目标与计划,重中之重就是解决案主的寄养问题并落实案主的户口。首先是解决户口的问题,小龙和小虎(属于超生人口)出生时家人没有及时给其上户口,一直拖沓至今。社会工作者经过多方联系,备齐两兄弟上户口所需的材料,并由当地镇政府出具相关证明,与镇政府人员协商决定采取延交罚款的方式,顺利为两兄弟上户口。其次是解决寄养的问题。社会工作者评估案主家庭难以支持照顾和养育案主的责任,当地也没有合适的社会组织能够接纳他们,遂决定探讨将三姐弟接到南京市寄养的可能性,在获得具有监护权的四叔同意后,签订了寄养合同。但四叔没有照顾姐弟三人的能力又不愿放弃抚养权。遂寻求监护权更改路径,将姐弟三人放置到三个临时寄养家庭。这种做法无法可依、无规可依,当时案主所在的县和南京市没有相关未成年人保护条例出台,对困境儿童监护权的归属问题没有社会政策的支持,所以得不到政府法规支持也就得不到当地政府的支持,服务过程异常艰辛。幸运的是,此次实务案例推动了2015年《南京市未成年人保护条例》的出台,其作为影响事件之一,意义重大。

(二)社会政策推动社会工作服务的发展

社会政策建设催生了一大批社会组织。2017年,我国社会组织总数量突破80万个的关口,达到80.1万个,其中,基金会6322个,社会团体37.3万个,民办非企业单位42.2万个。大批社会组织的出现必然需要更多受过专业训练的社会工作者来提供服务,更多专业的社会工作者的参与也能提升服务的质量与水平,推动社会工作学科的建设。

同时,社会政策建设也促进了社会服务的开展,增加了社会工作服务的频次,提高了社会工作服务的质量。在中国,社会政策的一般过程包括制定、执行、评估和调整四个阶段。在政策制定时,要确定政策问题、建立政策议程、制定政策方案、对政策方案进行优选。首先,在政策的执行过程中,往往会选取一个典型的地点进行试点,主要看政策能否达到预期的效果,对解决问题是否有效。其次,在政策的评估过程中,专业的机构会分析政策的投入、过程、产出、影响等各方面因素。最后,在政策的调整步骤中,对试点中发现的问题加以规避。因此,社会政策的出台需要经过严密的步骤,具有科学性和可实践性,能够切实推动社会工作服务的开展。

案例5-2:长者家居改善计划的公益慈善服务领域探索[①]

2020年,广东省民政厅印发《广东省推动慈善事业高质量发展若干措施》,从培育慈善主体、拓宽参与渠道、激发慈善活力、弘扬慈善文化、加强监督管理、健全保障机制等方面提出21条具体的促进举措,发挥社会工作专业优势,鼓励慈善组织运用社会工作理念和方法开展慈善项目,为服务对象提供精准化、精细化的专业服务。

---

① 社会工作介入公益慈善服务领域的模式探索:以长者家居改善计划为例[EB/OL].(2020-02-25)[2022-03-10]. http://www.xz8285.com/home/article/6566.

长者家居改善计划,是恒爱社工机构通过 H 基金会审核,认领,上线腾讯乐捐平台,参与腾讯"99 公益日"配捐活动,面向社会开展筹款的公益慈善项目。项目利用移动互联网化、社交化的创新手段,让项目直接面向社会大众。截至 2021 年 2 月 28 日,共筹得善款超过 14 万元,为超过 300 名困难家庭长者改善家居环境。从人群身份来看,超过 9 成的受惠者来自特困供养对象、低保低收入家庭,以及特殊困难家庭。从改造的内容类别来看,超过 7 成的受惠者属于添置适老化设施,如安装扶手、配置坐便椅等。从服务的满意度来看,超过 9 成的受惠者认为是"满意",且表示"改善了他们的居住环境""让原先黑暗的家里变得明亮,让不安全的家变得安全"。通过微信公众号平台及腾讯公益平台定期推送项目进度,及时告知社会大众项目的进展。线下主要和服务于社区的社工机构、村(居)委会等保持紧密的合作关系,以项目为切入点,以项目执行机构为圆心,以点带面,积极联动社区资源,做好项目的线下宣传服务,同时,也提高了落地机构对困难家庭长者居住环境的关注度,落地机构根据项目要求积极提交申请名单。

(三)社会政策建设的动力机制

社会政策的出现与颁布不会是空穴来风,而是有章可循的;政策的颁布与完善也需要过程与机遇;社会政策的颁布能够让这类人群受到关注,能够增加服务对他们的倾斜,帮助他们制订适合的服务计划,解决他们的困境,提高他们对生活的热爱与信心。社会政策的颁布,使得政府会花费更多的时间在相关方面,对于自己力所不能及的社会服务方面,会增加财政投入去购买相对应的社会服务,让社会工作者给他们提供服务,这方面的服务也就增加了。所以说,应当用系统的整体的视角看待社会政策建设,不应该割裂开看待社会政策建设。

以儿童福利政策机制为例,政策建设的动力机制可以分为政策动因、政策体系、政策行政和政策成效四部分。(1)政策动因:一是各种突发的、严重的儿童人道灾难,比如叙利亚儿童死于残酷的内战,战争剥夺了他们的生命权;二是多媒体时代阶段性媒体聚焦,媒体的报道能够加深公众对相关事件的关注,包括政策制定者也会思考能否出台政策增加对他们的保护,比如南京女童饿死案成为《南京市未成年人保护条例》出台的案例之一;三是公众儿童权利意识的提升,呼吁政策向儿童权利保护方面倾斜;四是全国性政策建设和地方政府的政绩冲动,例如2019年张家港市民政局为全市30%的困境儿童提供专业的"个案服务",2020年在一个镇试点个案服务全覆盖,预计2021年个案服务覆盖全部困境儿童。(2)从政策体系来说,动力机制可以是新的法律、法规出台,或者是地方政府根据中央政策所出台法律、法规的实施细则,制定可操作性更强的办法或条例。中央政府从全局观制定政策,必定大而广,而落到地方,则需要根据当地实情进行修改,以更贴近地方情况,服务当地民众。(3)从政策行政上来说,行政体系的建立与优化,岗位设置与经费预算,执行能力建设,工作机制建设,与社会的协作机制建设都可以促进政策的修订。比如,这几年南京市新设立的社区网格员岗位,以社区社会工作者的角色,为社区居民服务,促进社区发展。(4)从政策成效来说,政府投入不断增长,社会资源投入不断增长,以区创投、街道创投的方式购买更多的社会服务,同时社会组织的发育和成长,政策目标人群受益程度提升,都能促进政策的颁布或修正。

案例5-3:儿童监护缺位案例

2013年4月,南京市江宁区有两个女童在家中饿死,这样的事情居然发生在经济发展水平较高的南京。经调查发现,她们的母亲乐某(时年22岁)有吸毒史,将自己的两个女儿独自放置家中,直至同年6月21日案发未曾回家,才导致两个孩子饿死家中。事情一经发现,社会工作者就介入了这件事,在对乐某进行访谈的时候了解到,当时的乐某已经怀孕(父亲未知),这个新生儿又将面临着母亲进监狱之后无人照顾的情况,这个孩子的监护权应该如何判?正常情况下,孩子还可以交于其他监护人抚养，比如生父、祖父母、外祖父母等。但乐某孩子的这些亲属都找不到，当时的政策法律中对监护权的认定还没有很完善，无法参照找到合适监护人，这就成为这个案例最需要解决的问题。社会工作者在对案主乐某提供服务时，主要在于舒缓案主的情绪，帮忙链接司法社工的资源戒毒等。

这个案例给我们的警示，那就是如何加强特殊家庭未成年人权益的保护，要进一步完善儿童福利保障机制，在立法层面对儿童监护制度及相关问题进行细化完善并增强可操作性。经过多方人员的共同努力，检察院向南京市人大提交立法建议，希望对儿童监护缺位问题予以重视，并通过地方立法形式加强和规范未成年人保护。随后建议得到南京市主要领导的充分重视，经过一年多的制定、修改、审议，2016年5月1日，《南京市未成年人保护条例》开始施行。随着条例的颁布，越来越多的社会组织加强相关人群的服务，促进了这方面服务质量的提升。

三、中国社会政策的主要领域

社会政策在不同人群和不同领域都有所涉及，了解相关的政策对社会工作者解决相关领域问题或开展服务很有益处。下文罗列了目前社会工作领域服务集中的三个类别，整理了近些年与社会工作服务领域相关的政策内容，并做了简要概述。

（一）老年社会政策

中国不仅是世界上老龄人口最多的国家，也是世界上老龄人口增长最快的国家。2010年11月中国第六次人口普查数据显示，中国60岁及以上人口为1.8亿人，占总人口的13.26%，其中65岁及以上人口为1.2亿人，占总人口的8.87%。与发达国家相比，中国老年人口呈现以下特点：人口老龄化速度快、老年人口数量多、"未富先老"和城乡倒置显著等。这些数据和特征说明我国已经进入了老龄化社会，迎来了"银色浪潮"，如何解决老年人赡养的问题是社会也是国家的责任。因此，制定与老年人相关的社会政策有助于缓和社会矛盾,提升民众幸福感。

老年社会政策是指国家和社会根据老年人的自身特点和特殊需要,提供给老年人的各项服务方案和福利措施,包括六个"老有"政策,老有所养、老有所医、老有所教、老有所学、老有所乐、老有所为。

1. 老有所学——老年教育政策

中国十分重视保障老年人的受教育权利,逐步加大投入,积极扶持,推动老年教育事业迅速发展。各级政府、有关部门和企事业单位创办了一批示范性老年大学,同时依托省、市、县各级现有群众文化设施多渠道、多层次发展老年教育,努力实现"县县有老年大学"的目标,并逐步向社区、乡镇延伸。一些地方充分运用现代传媒手段,开办面向老年人的电视和网络学校,扩大老年教育覆盖面。目前已初步形成多层次、多形式、多学制、多学科的老年教育体系。社会组织在社区内开展老年人相关服务时,会考虑老年人需求办老年学堂,包括书法课、国画课、舞蹈课等,丰富老年人的文娱生活,也增加老年人与同龄人的接触。例如,国务院办公厅关于印发《老年教育发展规划(2016—2020年)》的通知:规划主要任务为扩大老年教育资源供给,拓展老年教育发展途径,加强老年教育支持服务,创新老年教育发展机制,促进老年教育可持续发展。

2. 老有所乐——老年休闲娱乐

中国在大中城市正逐步建立设施完备、功能齐全的综合性老年活动中心,在县(市、区、旗)建立老年文化活动中心,乡(镇)、街道设立老年活动站(点),基层村(社区)开设老年活动室。到2005年年底,城乡老年文体活动设施达67万多个。例如,2020年11月,国务院办公厅印发《关于切实解决老年人运用智能技术困难的实施方案》的通知:做好突发事件应急响应状态下对老年人的服务保障,如完善健康码方便日常出行;便利老年人日常交通出行;便利老年人日常就医;便利老年人日常消费等。

3. 老有所为——老年社会参与

《中华人民共和国老年人权益保障法》设专章保障老年人参与社会

发展的权益,同时社区居民自治应当聆听老年人的声音,不该把老年人排除出去。中国颁布的老龄事业发展计划或规划都把鼓励老年人参与社会发展作为重要内容,并为发挥离退休高级专家和专业技术人员作用制定专项政策。例如,2001年《关于规范企业职工基本养老保险个人账户管理有关问题的通知》;2005年《国务院关于完善企业职工基本养老保险制度的决定》。

(二) 儿童社会政策

儿童是祖国发展的希望,落实发展儿童政策能够让国家长期具有活力,永不衰败。儿童社会政策是社会政策中的一环,是一套谋求儿童福祉的方针或行动准则,包括特殊儿童和一般儿童都能成为政策的受益者。因此,作为一种制度性满足儿童福利需求的社会设置,儿童社会政策通常包括以下内容:

1. 有关儿童参与社会生活的政策

这方面政策主要涉及儿童作为社会成员,享有参加各项社会生活的权利方面的政策。

2. 有关儿童教育的政策

这主要涵盖两个层次:一方面是以满足一般儿童的教育需求为目标的普通教育的普及和推广,另一方面是专门针对残疾儿童提供的教育服务政策,其致力于保障残疾儿童获得平等的教育机会,增强其参与社会生活的能力。例如,2020年教育部印发了《关于加强残疾儿童少年义务教育阶段随班就读工作的指导意见》,坚持科学评估、应随尽随,坚持尊重差异、因材施教,坚持普特融合、提升质量,实现特殊教育公平而有质量发展,促进残疾儿童少年更好地融入社会生活。

3. 有关儿童卫生健康方面的社会政策

这一层面的政策主要涉及为儿童提供生活中所需的医疗保健和康复服务,以及适当的身心医疗照顾和预防保健服务。例如,2017年2月,国务院颁布《残疾预防和残疾人康复条例》,在条例中国务院决定建立残疾儿童康复救助制度。2020年3月,国务院应对新型冠状病毒感染肺炎疫情联防联控机制印发《因新冠肺炎疫情影响造成监护缺失儿童救助保护工作方案》。

4. 有关丰富儿童精神文化生活的政策

这主要涉及家庭和社会为儿童提供足够的休闲娱乐场所和设备,并教导培养其良好的学习娱乐态度及习惯的政策。例如,2017年3月,国务院同意国家出版局、教育部、文化部、共青团中央、全国妇联、全国文联、全国科协《关于加强少年儿童读物出版工作的报告》,极大地提高整个中华民族的科学文化水平,促使少年儿童健康地成长,出版更多更好的少年儿童读物。

5. 有关儿童社会保障的政策

有关如何为儿童维持其基本生活的各项社会保障制度,旨在解决其基本的生活需求,不致陷入生存危机。具体来讲,包括医疗保障、最低生活保障等,主要目的是满足贫困儿童的基本生活需求,使他们不致陷入生存危机。例如,2016年6月,国务院颁布《关于加强困境儿童保障工作的意见》,意见中提到要建立健全困境儿童保障工作体系,建立部门协作联动机制,充分发挥群团组织作用和鼓励支持社会力量参与。

6. 针对特殊儿童(残疾儿童、"三无"儿童、流浪儿童)的相关政策

该方面的政策主要涉及保障特殊儿童基本权利、促使其能力发展的政策。

(三)残疾人社会政策

作为一项针对特定群体的政策,残疾人社会政策的内涵脱离不了社会政策的本质。残疾人社会政策就是通过国家立法和政府的行政干预,以残疾人群的需求为导向,旨在改善社会环境、增进残疾人社会福利及促进残疾人无障碍地参与社会生活的一系列措施、计划、方案和行动准则。

具体而言,国际社会有关残疾人的社会政策主要包括以下内容:

1. 有关残疾人的社会保障政策

这包括有关支撑残疾人维持基本生活的各项社会保障制度,旨在满足残疾人基本的生活需求,使其不致陷入生存危机。具体来讲,包括工伤保险、一般残疾保险、残障养老金、最低生活保障等。例如,2015年,民政部、财政部和中国残联颁布《关于建立困难残疾人生活补贴和重度残疾人护理补贴标准动态调整机制的意见》。

2. 有关残疾人的日常生活照顾服务的政策

这方面政策主要确立了残疾人日常服务的供给者、供给方式和资金来源,其主旨是回应残疾人的日常生活照料需求。

3. 有关残疾人医疗保健和康复服务的政策

这一层面的政策内容与日常生活照料服务相似,主要也是确定了相关服务的供给机构、供给方式和资金来源,重点是为残疾人提供日常生活中所需的医疗保健和康复服务。例如,2017年国务院颁布《残疾预防和残疾人康复条例》。

4. 有关残疾人教育的政策

这主要涵盖两个层次:一方面是特殊教育的普及和推广,以满足特殊残疾人群的教育需求;另一方面是为残疾人提供平等的教育服务政策,致力于保障残疾人平等的受教育机会,使他们能和其他社会成员一样得到同等的教育服务,增强平等参与社会生活的能力。例如,2017年1月国务院修订通过的《残疾人教育条例》,是指导残疾人教育、维护残疾人受教育权益的最全面的政策。

5. 有关促进残疾人就业的各项政策

这包括有关积极支持、扶持残疾人就业服务体系,加强残疾人就业培训和职业恢复的各项服务,旨在创造劳动福利型的政策模式,促进残疾人就业。例如,2007年2月,国务院颁布了《残疾人就业条例》,涉及用人单位的责任、保障措施、就业服务、法律措施等,维护残疾人公平就业的权利。2019年,国家发改委等印发《关于完善残疾人就业保障金制度更好促进残疾人就业的总体方案》的通知。

6. 有关无障碍环境建立和推广的政策

在现代社会中,这方面的政策正得到世界上越来越多的国家的认同和支持,主要包括在城乡公共基础设施和小区住宅中的无障碍设计,以满足残疾人的正常出行(如盲道的设置)。

7. 有关丰富残疾人精神文化生活的政策

这包括为残疾人提供宽松、关爱的社会环境、便利的活动场所和活动设施,引导开展丰富残疾人生活的文化娱乐活动。

8. 有关残疾人权益保护的政策

这包括有关宣传、贯彻、执行涉及残疾人权益保护的各项法律、法规,以法律行动切实保障残疾人的正当权益,确保残疾人的合法权益不受侵犯。

第二节 社会工作政策与法规

社会工作领域相当广泛,与社会工作有关的政策与法规也包含相当广泛的内容。在我国,社会工作的政策与法规大致可以分为有关社会建设的一般性政策与法规、促进和规范社会工作发展的政策与法规以及社会工作领域内的政策与法规三大类别。

一、我国有关社会建设的一般性政策与法规

在我国,社会建设是一个广泛的行动领域,其主要内容包括民生事业与社会治理两大方面。自改革开放以来,我国成功进行了社会主义市场转型,并取得了长达三十多年的经济快速发展成就,但同时也出现了贫富差距拉大、社会矛盾增多、生态环境破坏等问题。在过去三十多年

的改革与发展过程中,党和政府不断地从实践中总结经验教训,不断克服发展中的各种问题。在改革开放后不久,邓小平同志就提出了物质文明和精神文明两个文明一起抓的思想。此后,中央又提出了经济、政治、文化建设"三位一体"的发展方针。进入21世纪以后,党中央通过不断地总结经验和理论探索,逐渐形成了加强社会建设的指导思想和政策框架。在十六届六中全会上做出了《中共中央关于构建社会主义和谐社会若干重大问题的决定》,全面提出了构建社会主义和谐社会的目标、要求和任务。在十七大报告中正式提出了经济建设、政治建设、文化建设和社会建设"四位一体"的中国特色社会主义的总体布局,并且将其写入党章。在十八大报告中加入了"生态文明建设",形成了"五位一体"的总体布局,并且再次强调了社会建设的重要性。在党的十八届三中全会中又对社会建设的总体目标、要求和具体任务做了较为系统的论述。所有这些重要文件对做好社会工作具有重要的指导意义。[①] 作为社会工作者,首先要从总体上了解我国社会建设的一般性政策与法规。

案例5-4:党的十八大报告对社会建设各个方面的原则要求[②]

党的十八大报告中将社会建设的任务界定为保障及改善民生和社会管理两大方面,并对各个方面的具体任务做了较为详细的论述。

首先,在保障和改善民生方面,十八大报告指出,"加强社会建设,必须以保障和改善民生为重点。提高人民物质文化生活水平,是改革开放和社会主义现代化建设的根本目的"。

其次,在教育政策方面,提出了"努力办好人民满意的教育",并重点强调了要"大力促进教育公平",具体措施包括"合理配置教育资源,重点向农村、边远、贫困、民族地区倾斜,支持特殊教育,提高家庭经济困难学生资助水平,积极推动农民工子女平等接受教育,让每个孩子都能成为

[①] 张菡.社会工作法规与政策[M].北京:中国法制出版社,2015:102-150.
[②] http://theory.people.com.cn/GB/40557/351494/index.html.

有用之才"。

再次,在就业政策方面,提出了"推动实现更高质量的就业",并重点强调了要"做好以高校毕业生为重点的青年就业工作和农村转移劳动力、城镇困难人员、退役军人就业工作"。在收入分配政策方面,提出了要"千方百计增加居民收入",其中重点是努力实现居民收入增长和经济发展同步、劳动报酬增长和劳动生产率提高同步,提高居民收入在国民收入分配中的比重,提高劳动报酬在初次分配中的比重。

最后,在社会保障政策方面,重点提到要坚持全覆盖、保基本、多层次、可持续方针,以增强公平性、适应流动性、保证可持续性为重点,全面建成覆盖城乡居民的社会保障体系。

二、我国促进和规范社会工作发展的政策与法规

除了关于社会建设的一般性政策与法规以外,近年来党和国家还出台了一系列促进和规范社会工作发展及与社会工作机构和社会工作者职业活动有关的政策文件。这些政策文件主要是促进和规范社会工作制度建设、社会工作人才队伍建设和社会工作机构运行等重要的环节,对社会工作的发展、规范化运行以及社会工作专业人才队伍建设具有重要的作用。在社会工作比较发达的国家,这类法规与政策都比较完善,对社会工作职业的健康发展起到了很好的规范、保障和促进作用。

我国近年来发布的促进和规范社会工作发展的政策文件主要有:2006年中共十六届六中全会通过的《中共中央关于构建社会主义和谐社会若干重大问题的决定》,这是我国社会工作人才队伍建设的纲领性文件,提出了"建设宏大的社会工作人才队伍"的战略决策;2010年中央颁布的《国家中长期人才发展规划纲要(2010—2020年)》,将社会工作专业人才提升为国家六支主体人才队伍之一,确立了社会工作人才在国家发展大局中的重要地位;2011年18个部门和组织出台的《关于加强社会工作专业人才队伍建设的意见》和2012年19个部委和群团组织联

合发布的《社会工作专业人才队伍建设中长期规划(2011—2020年)》,明确了当前和今后一个时期我国社会工作发展的指导思想、基本原则、目标任务和主要措施。[1]

案例5-5:2018年南京市社会工作者薪酬指标[2]

2018年8月8日,南京市委市政府举行例行新闻发布会,就近日出台的《关于加强和完善城乡社区治理的实施意见》(简称"意见")以及四个配套文件进行了解读。南京此次给社会工作者设定了薪酬标准,即"最低工资线"。社区工作繁杂多样,在社区治理过程中,离不开"社工"。

此次出台的《南京市社区工作者管理办法(试行)》,明确了社区工作者的范围、职责、管理、考核、待遇、激励及退出机制。在保障薪酬福利待遇方面,城市社区党组织书记、居委会主任报酬(含基本工资、绩效工资和"五险一金")不低于上年全市城镇非私营单位从业人员平均工资水平;其他社区工作者报酬,玄武、秦淮、建邺、鼓楼、栖霞、雨花台区不低于其80%,江北新区、江宁、浦口、六合、溧水、高淳区不低于其70%的标准。农村社区党组织书记、村委会主任实行基本报酬加绩效报酬,基本报酬由区统筹、不低于上年当地农村居民人均可支配收入2倍,其他农村社区工作者报酬,按照一定比例确定。根据统计数据,2017年全市城镇非私营单位从业人员平均工资水平为9.8万元左右。

民政部和财政部于2012年11月联合发布了《民政部、财政部关于政府购买社会工作服务的指导意见》(简称《指导意见》)。《指导意见》提出,政府购买社会工作服务的主要目标分为4个层次:第一个层次是建立健全政府购买社会工作服务政策制度,建立完善的社会工作服务标准体系,形成协调有力的政府购买社会工作服务管理体制以及规范高效的

---

[1] 王思斌.社会工作概论[M].2版.北京:高等教育出版社,2006:67-75.
[2] 中共南京市委办公厅、南京市人民政府办公厅《南京市社区工作者管理办法(试行)》(宁委办发〔2018〕64号)

工作机制。第二个层次是加大财政投入力度,逐步拓宽政府购买社会工作服务范围、扩大政府购买社会工作服务规模、提升政府购买社会工作服务质量。第三个层次是加快培养一支高素质的社会工作专业人才队伍,发展一批数量充足、治理科学、服务专业、作用明显的社会工作服务机构,提高其承接政府购买社会工作服务的能力。第四个层次是最终使社会工作服务的范围、数量、规模和质量适应经济社会发展要求,有效满足人民群众个性化、多样化、专业化服务需求。除此之外,《指导意见》还对政府购买社会工作服务的主体、对象、范围、程序与监督管理以及加强对政府购买社会工作服务的组织领导等提出了具体要求[1]。

案例 5-6:2020 年南京市政府购买居家养老服务实施办法[2]

为贯彻落实《南京市养老服务条例》,进一步规范我市政府购买居家养老服务,特制定实施办法如下。

一、服务对象

具有南京户籍且常住的老年人,符合下列条件之一的,可以申请政府购买服务:

1. 特困老年人;

2. 最低生活保障家庭以及最低生活保障边缘家庭中的老年人;

3. 经济困难的失智、失能、半失能老年人;

4. 计划生育特殊家庭老年人;

5. 百岁老人;

6. 60 周岁以上独居老人和在二级及以上医院确诊患有走失风险类疾病的老年人;

7. 80 周岁以上老人;

---

[1] 《国务院办公厅关于政府向社会力量购买服务的指导意见》(国办发〔2013〕96 号,2013 年 9 月 26 日颁布,2013 年 9 月 26 日起实施)。

[2] 《南京市养老服务条例》(南京市人民政府 2020 年 2 月颁布,2020 年 7 月实施)。

8. 市政府文件规定的其他对象。

二、经费标准

（一）照护服务

2020年照护服务每人每小时20元，2021年及以后照护服务每小时费用参照江苏省一类地区非全日制用工小时最低工资标准。照护服务中服务对象具备多种身份的，服务标准就高享受。

（二）紧急呼叫服务

1. 政府养老扶助对象中的失智、失能或半失能老人自愿购买紧急呼叫服务的，政府全额承担服务费；政府养老扶助对象中的自理老人自愿购买紧急呼叫服务的，政府承担基准经费的80%。

2. 60岁以上独居老年人、在二级及以上医院确诊患有走失风险类疾病的老年人和80周岁以上老年人自愿购买紧急呼叫服务的，政府承担基准经费的60%。

紧急呼叫服务补贴的最高基准经费为每人每月20元。供应商实际定价低于最高基准经费的，以实际定价为准。

民政部于2014年4月发布了《民政部关于进一步加快推进民办社会工作服务机构发展的意见》（简称《意见》），对加快推进民办社会工作服务机构发展提出了总体要求，同时对完善民办社会工作服务机构管理制度、加强民办社会工作服务机构能力建设、切实发挥社会工作行业组织促进民办社会工作服务机构发展的功能作用、建立健全民办社会工作服务机构支持保障体系、加强对民办社会工作服务机构发展的组织领导等提出了具体要求。进一步增强民办社会工作服务机构内部治理能力要紧紧围绕着4个方面展开：一是督促民办社会工作服务机构建立健全以章程为核心的各项规章制度，健全理事会、监事会制度，完善法人治理结构，恪守民间性、公益性、非营利性原则。二是以政府购买社会工作服务为杠杆，发挥市场配置资源的决定性作用，促进民办社会工作服务机构提升战略谋划、项目运作、资源整合、创新发展和组织管理能力。三是指导民办社会工作服务机构建立健全财务管理制度,主动拓宽资金来源,积极争取企业、基金会和社会各界资助,增强自身造血功能,增强资金计划、分配与使用的规范性和透明度。四是加快培养一批具有社会使命感,掌握现代组织管理知识,拥有丰富管理经验的民办社会工作服务机构管理人才,以及具有扎实理论知识和丰富实务经验,能够指导解决复杂专业问题,引导推动社会工作服务人才成长发展的专业督导人才。

三、社会工作领域内的政策与法规

（一）社会工作领域内的政策与法规

1. 社会救助领域的政策与法规。帮助贫困家庭是社会工作的主要任务之一,社会工作者应该熟悉社会救助领域的政策与法规。社会救助的政策与法规包括城乡居民最低生活保障、医疗救助、住房救助、教育救助、就业救助、受灾人员救助、法律援助等各种专项救助,以及临时救助等方法的政策与法规。

2. 针对特定人群权益保护和社会服务的法规与政策。社会工作常常面对社会中特殊的人群,尤其是困难人群,向他们提供专门的服务。在这些领域中,国家和政府也制定了相关的政策与法规,其中主要包括针对妇女、儿童、老年人和残疾人等的政策与法规。这些政策与法规的制定目标:一是规定这些群体的权益保护,二是向他们提供专门的社会福利服务。

3. 婚姻家庭政策与法规。帮助人们协调婚姻家庭关系,解决婚姻家庭中出现的各种问题是社会工作的主要领域之一。社会工作者在此方面要依据的政策与法规主要有规范婚姻家庭关系的法规、有关私有财产继承和收养关系等方面的政策与法规。

4. 人民调解、信访工作和突发事件应对政策与法规。主要是围绕调解邻里纠纷、解决社会问题、化解社会矛盾和应对突发事件等问题展开的工作,这也是我国社会工作者发挥作用的主要领域之一。针对这些问题,政府也制定了相应的政策与法规,社会工作者应该熟悉这些政策与法规。

5. 社区矫正、禁毒和治安管理政策与法规。社区矫正、禁毒和治安管理是我国控制偏差行为和维护社会秩序的重要行动领域,也是适宜社会工作介入的领域。直接在这些领域中工作,或者其工作与这些领域的行动有关的社会工作者,都需要了解这些领域的相关政策与法规。

6. 烈士褒扬和优抚安置政策与法规。烈士褒扬和优抚安置是帮助军人和军烈属,维护军队稳定,巩固国防建设的重要行动领域。在这方面的政策与法规包括烈士褒扬政策与法规、抚恤优待和退伍军人安置以及军队离退休干部安置的政策与法规。

7. 城乡基层群众自治和社区建设政策与法规。社区是社会工作的主要场所之一,促进居民自治,做好社区建设和社区服务工作是我国社会工作的主要任务。这一领域的政策与法规包括城市居民自治、农村村民自治和城乡社区建设等方面的政策与法规。

8. 公益慈善事业与志愿服务政策与法规。大力发展公益慈善事业对促进我国社会事业发展具有重要的意义。同时,志愿服务对满足民众的各种需要、促进社会和谐也具有重要意义。社会工作在这些领域中应该发挥重要的作用。为了规范和促进公益慈善事业和志愿服务,国家和政府出台了相应的政策与法规。

9. 社会组织政策与法规。社会组织越来越成为我国公共管理和社会服务体系中的重要力量,同时也是社会工作的主要场所。许多社会工作都依托社会组织而开展。我国制定了规范和促进社会组织发展的政策与法规,包括与社会团体、民办非企业单位和基金会有关的政策与法规,以及近年来推动以政府购买服务等方式促进社会组织发展的政策文件。熟悉这些政策与法规对于社会工作者来说具有重要的意义。[①]

---

① 张菡.社会工作法规与政策[M].北京:中国法制出版社,2015:89-99.

10. 劳动就业和劳动关系政策与法规。促进就业和维护劳动者权益是社会工作的又一主要任务,因此需要大力发展企业社会工作。社会工作者(尤其是企业社会工作者)应该熟悉国家和地方制定的促进就业、保护劳动者权益、协调劳资关系和处理劳动争议等方面的政策与法规。

11. 健康与计划生育政策与法规。在当代社会,提高健康水平是民众普遍关心的重大问题,也是社会工作者服务的主要领域。在此领域中,国家和地方制定了公共卫生、医疗服务和医疗保障等方面的政策与法规。同时,我国的计划生育也需要社会工作者的参与,因此社会工作者还应该熟悉计划生育方面的政策与法规。

12. 社会保险领域政策与法规。社会保险方面的政策与法规包括养老保险、医疗保险、失业保险、工伤保险、生育保险等方面的政策与法规。本章重点阐述社区建设政策与法规、社会组织政策与法规两项内容。

(二) 社会工作政策与法规的具体实践

1. 社区建设政策与法规

我国城乡基层群众自治制度包括城市社区居民自治制度和农村村民自治制度,是中国特色社会主义基本政治制度的重要组成部分。城乡基层群众自治的政策与法规,是推进城乡基层群众自治的主要依据和重要保障,是社会工作专业人才从事这方面工作必须掌握的基本知识,下面梳理了社区服务政策与法规的基本内容。

(1) 社区建设的含义和基本原则

① 社区建设中的"社区"含义。关于社区的含义,2000年中共中央办公厅、国务院办公厅转发的《民政部关于在全国推进城市社区建设的意见》中有明确界定。该文件指出:"社区是指聚居在一定地域范围内的人们所组成的社会生活共同体。"这一表述采纳了学术界关于社区界定的主流观点。不仅如此,为了适应现阶段我国城市社区建设的工作需要,该文件还对城市社区建设工作中的"社区"作出了界定,即目前城市

社区的范围,一般是指"居民委员会辖区"。事实上,社区的表现形式是多种多样的,比如我们也可以把一个村庄、一个集镇乃至一个街道办事处辖区等看作一个现实生活中的社区。

② 社区建设的基本原则:第一,以人为本,服务居民。坚持以不断满足社区居民的社会需求,提高居民生活质量和文明程度为宗旨,把服务社区居民作为社区建设的根本出发点和归宿。第二,资源共享,共驻共建。充分调动社区内机关、团体、部队、企业事业组织等一切力量广泛参与社区建设,最大限度地实现社区资源共享,营造共驻社区、共建社区的良好氛围。第三,责权统一,管理有序。改革城市基层社会管理体制,建立健全社区组织,明确社区组织的职责和权利,改进社区的管理与服务,寓管理于服务之中,增强社区的凝聚力。第四,扩大民主,居民自治。坚持按地域性、认同感等社区构成要素科学合理地划分社区;在社区内实行民主选举、民主决策、民主管理、民主监督,逐步实现社区居民自我管理、自我教育、自我服务、自我监督。第五,因地制宜,循序渐进。坚持实事求是,一切从实际出发,突出地方特色,从居民群众迫切要求解决和热切关注的问题入手,有计划、有步骤地实现社区建设的发展目标。

(2) 社区建设的主要任务

如上所述,社区建设是社区的全方位建设,包含着极为丰富的工作内容和工作任务。有些基本内容和基本任务在本章都有专门叙述,还有一些内容和任务在本书其他章节中已经提及,此处主要梳理以下几方面的政策法规:

① 社区党的建设。社区党建是社区建设的重要内容。中共中央办公厅转发《中共中央组织部关于进一步加强和改进街道社区党的建设工作的意见》和《关于加强基层服务型党组织建设的意见》中提出了要加强党的建设,发挥党员在社区建设中的先锋模范作用。

② 社区综合服务设施和信息化建设。第一,《中共中央办公厅、国务院办公厅关于加强和改进城市社区居民委员会建设工作的意见》和

《城市居住区规划设计标准》要求,将公共服务设施配套建设纳入建设工程规划设计方案。第二,老城区和已建成居住区没有社区居民委员会工作用房和居民公益性服务设施的或者不能满足需要的,由区(县、市)人民政府负责建设,也可以从其他社区设施中调剂置换,或者以购买、租借等方式解决,所需资金由地方各级人民政府统筹解决。第三,提倡"一室多用",提高使用效益。社区居民委员会办公服务设施的供暖、水电、煤气、电信等费用应按照当地居民使用价格标准收取。

③ 推进社区公共服务综合信息平台建设:一是建设社区公共服务信息系统。兼具政务事项办理和基础信息采集功能,实行"前台一口受理、后台分工协同"的运行模式。二是整合社区公共服务信息资源。原则上凡涉及社区居民的公共服务事项,均要逐步纳入社区公共服务综合信息平台集中办理。推动部署在不同层级、不同部门、分散孤立、用途单一的各类社区信息系统向社区公共服务综合信息平台迁移或集成,最大限度精简基层业务应用系统、服务终端和管理台账。在保证数据交换共享安全性的前提下,促进社区公共服务综合信息平台与现有部门业务应用系统实现互联互通。三是完善社区公共服务综合信息平台规划布局。四是加强社区公共服务综合信息平台运行管理。原则上实行平台独立运行、业务归口指导的管理模式。实现"数据一次采集,资源多方共享"。

案例 5-7:南京市文体社区"议+益"社区治理项目

十八大以来,居民自治成为新的治理理念,而邻里议事则是居民自治的具体实践。"议+益"社区治理项目是创新社区治理方式的有益尝试,也是社区治理参与主体多元化的积极探索。本项目以江苏省南京市文体社区居民为服务对象,根据文体社区中存在的居民利益协调困难、服务职能缺位等问题,在项目中期,挖掘社区居民的潜能,整合社区有效资源,提高社区居民自治意识和自治能力;在项目后期,对文体社区"议+益"社区治理项目的成效进行评估总结,项目呈现以下特点:

一、党建引领,把准社区协商治理"方向盘"

在探索议事规则和社区治理相结合的过程中,各方始终坚持发挥社区党委核心作用,构建党建联席会议机制,带动居民议事民主化、规范化。

二、稳步推进,推进项目服务专业化

项目中,社会工作者通过专项内容逐步深入和有效链接,链接辖区及社会其他共建资源,在社区问题诊断、服务需求调查、议事规则制定、议事成员选拔培训等方面,提供更专业化的精准服务。同时,社会工作者也特别重视对议事代表进行能力建设培训,通过培训、参访等形式,协助邻里议事代表学习如何议事、评审、决策等技能,优化居民议事制度,提高社区议事代表参与社区事务的能力和水平,不少于4次。

三、建章立制,推动协商程序规范化

建立议事制度,搭建社区居民及辖区单位共同参与社区事务的平台,探索制定文体社区邻里议事会管理办法,构建"6+X"议事机制。

四、搭建平台,实现自治渠道多元化

构建议事论坛、议事会、微基金决议会等自治协商渠道。

结合社区重大专项工作或亟待解决的矛盾与难题,社会工作者利用头脑风暴、主题会议、参与式座谈等形式,引导居民自己查找问题、解决问题,形成可执行的自我服务方案,以议案形式提交微基金决议会,明确解决民生问题的途径,增强居民自治的主体意识。

2. 社会组织政策与法规

社会组织是开展社会工作服务的重要主体。改革开放以来,随着政府职能的转换,一些过去由国家包揽的社会福利和公益事业被剥离出来推向社会,而企业作为以营利为目的的组织,又不可能承接这些社会福利和公益事业。在此背景下,以社会团体、民办非企业单位和基金会为主体的民间非营利组织的发展,既可以解决公共财政资金在提供公共产品上的不足,帮助国家解决社会救济、扶贫、教育、养老、医疗卫生服务等社会问题,又可以合理优化资源配置,维护社会稳定和公共利益,促进社会和谐。近些年来,我国各类社会组织快速发展,成为我国市场经济体系的重要组成部分,在社会治理中发挥了重大作用。

为了规范社会组织的管理,促进社会组织健康有序发展,激发社会组织的活力,我国先后出台了一系列有关社会组织管理的政策与法规。《中共中央关于全面深化改革若干重大问题的决定》明确提出:"激发社会组织活力。正确处理政府和社会关系,加快实施政社分开,推进社会组织明确权责、依法自治、发挥作用。适合由社会组织提供的公共服务和解决的事项,交由社会组织承担。"这既充分肯定了社会组织在社会治理中的作用,又为新时期社会组织的发展指明了方向。

作为一个新生事物,民办社会工作服务机构尤其需要得到支持保障。《民政部关于进一步加快推进民办社会工作服务机构发展的意见》从3个方面提出建立健全民办社会工作服务机构支持保障体系的要求。

(1)加快推进政府购买社会工作服务

第一,积极推动政府职能转变,贯彻落实《国务院办公厅关于政府向社会力量购买服务的指导意见》和《民政部财政部关于政府购买社会工作服务的指导意见》,将社会工作专业人才配备、社会工作岗位设置、机构管理服务能力与成效等情况作为政府购买民办社会工作服务机构服务的重要依据。

第二,规范政府购买社会工作服务程序,除技术复杂、性质特殊的社会工作服务项目和岗位,原则上均应通过公开招标方式竞争性购买,公平对待民办社会工作服务机构承接政府购买社会工作服务。

第三,严格审核民办社会工作服务机构承接政府购买社会工作服务的资质条件,加强对政府购买社会工作服务的监督管理和绩效评价,建立健全评价结果反馈应用与奖惩机制,确保民办社会工作服务机构依法依约提供服务。

第四,积极发展社会工作专业评估与咨询服务机构,为开展政府购买社会工作服务提供技术支持。

(2) 加大对民办社会工作服务机构扶持力度

加大对民办社会工作服务机构扶持力度需要从 5 个方面下功夫：一是实施民办社会工作服务机构孵化基地建设工程，通过整合现有资源或新建等方式，到 2020 年建立 50 个国家级民办社会工作服务机构孵化基地。各地要积极推动本地区民办社会工作服务机构孵化基地建设，优先孵化以老年人、残疾人、青少年、城市流动人口、农村留守人员、特殊困难人群、受灾群众等为重点服务对象和以婚姻家庭、教育辅导、就业援助、职工帮扶、犯罪预防、矫治帮教、卫生医疗、人口服务、应急处置等为重点服务领域的民办社会工作服务机构。二是鼓励有条件的地方设立扶持民办社会工作服务机构发展专项资金，通过公益创投、补贴奖励、提供场所、减免费用等多种方式，支持民办社会工作服务机构的启动成立和初期运作。三是采取公办民营、民办公助等方式，面向民办社会工作服务机构开放公共和社会资源，支持其以社区为平台开展社会工作服务。四是积极协调有关部门落实促进民办社会工作服务机构发展的各项财税优惠政策，降低其运行管理和提供服务成本。五是各地民政部门要会同有关部门研究制定民办社会工作服务机构有关人员引进落户、薪酬保障、职业发展、表彰奖励等方面的激励措施，充分调动民办社会工作服务机构开展专业服务的积极性、主动性和创造性。[①]

(3) 鼓励社会力量支持和参与民办社会工作服务机构

推进民办社会工作服务机构发展，要鼓励社会力量的支持和参与。一是要鼓励社会工作专业院校与民办社会工作服务机构开展产学研合作，鼓励社会工作专业教师创办民办社会工作服务机构。二是要积极引导志愿者机构、公益慈善类社会组织和企事业单位按照注册登记条件成立民办社会工作服务机构。三是要鼓励国(境)内外组织和个人依法通

---

① 张蓉.社会工作法规与政策[M].北京:中国法制出版社，2015:44-47.

过捐资方式创办民办社会工作服务机构,通过设立基金、提供场所、项目合作、专业扶持等多种方式支持民办社会工作服务机构发展。

案例5-8:《民政部关于大力培育发展社区社会组织的意见》

目前存量的社区社会组织中,小部分达到登记条件的依法办理了登记手续,但也同时存在大量未达到登记条件的社区社会组织,无法依法纳入民政部门登记管理。

这些"草根"组织发展迅速,扎根社区,骨干成员大多是本地居民,适宜由街道办(乡镇政府)和社区(村)居委会负起责任。为此,《关于大力培育发展社区社会组织意见》(简称《意见》)根据中央有关文件精神,按照组织化程度高低,细化了分类指导的思路:

一是能登记的依法到所在地县级人民政府民政部门办理登记;

二是达不到登记条件的,由街道办事处(乡镇政府)按照不同规模、业务范围、成员构成和服务对象实施管理;

三是对主要在单个社区活动的规模小、临时性、松散的组织,由社区党组织领导,基层群众性自治组织对其活动进行指导和管理。

同时,《意见》鼓励在街道(乡镇)成立社区社会组织联合会、社区社会组织服务中心等枢纽型组织,发挥管理服务协调作用,规范社区社会组织行为,提供资源支持、承接项目、代管资金、人员培训等服务。

案例5-9:南京市民政局推进社会组织改革发展的新探索[①]

从现有情况来看,社会组织发展已经渗透民政各个业务领域,呈现整体推进、组团发展的趋势,因此我们积极尝试跳出条线管理的传统思维,全方位发展社会组织。

一是理顺机构,提供组织保障。2013年8月,专门设立行政审批服

---

① 解读||如何培育发展社区社会组织七项问答帮您厘清[EB/OL]. (2018-01-11)[2022-03-16]. http://mzj.nanjing.gov.cn/njsmzj/njsmzj/201810/t20181022_590458.html.

务处,挂靠市社管局。将社会组织登记、年检、评估等审批职能全部归集到审批服务处,统一纳入市政务中心窗口办理,实现"权责一致,一口对外,集中服务"。职能分立后,市社管局定位上移,工作重心也从"正确地做事"转变为"做正确的事"。

二是购买服务,民政率先发力。2014年1月,由市社管局牵头,在全局推行购买服务。出台《南京市民政局购买服务实施办法(试行)》,梳理局机关工作职能外包清单,将能交的评估、培训、考核等事务性服务项目进行公开竞标,涉及福事、政权等14个处室共52项,总金额为750多万元。目前,已经吸引了31家社会组织、企事业单位前来应标。2月21日,首批社会组织评估等7个项目已经完成了竞标。

三是简政放权,公开十项承诺。2015年7月,出台《关于下发"南京市民政局简政放权公开承诺事项"的通知》,向社会公开承诺推行直接登记、试点一业多会、开放异地商会登记权限、降低登记门槛、简化审批流程等十项服务承诺。

社会工作者在从事专业社会工作服务的过程中会涉及相关的社会政策。社会工作者要想做好专业的社会工作,就必须要全面深入地了解、理解和掌握与其工作有关的各项社会政策,并在此基础上将社会工作与社会政策相结合,一方面认真贯彻实施各项社会政策,利用社会政策去帮助有困难的个人和群体,另一方面在社会工作实践中注意发现社会政策存在的不足和问题,协助政府不断地改进和优化各项社会政策。

参考文献

[1] 多戈夫,洛温. 社会工作伦理实务工作指南[M]. 北京:中国人民大学出版社,2005.

[2] 范克新,肖萍. 团体社会工作[M]. 北京:社会科学文献出版社,2001.

[3] 陆士桢,王玥. 青少年社会工作服务(下)[M]. 北京:社会科学文献出版社,2010.

[4] 吕新萍. 小组工作[M]. 北京:中国人民大学出版社,2005.

[5] 佩恩. 现代社会工作理论[M]. 上海:华东理工大学出版社,2005.

[6] 萨利贝. 优势视角:社会工作实践的新模式[M]. 上海:华东理工大学出版社,2004.

[7] 万仁德. 社会工作导论[M]. 武汉:华中科技大学出版社,2006.

[8] 王思斌,关信平,史柏年. 社会工作专业化及本土化实践[M]. 北京:社会科学文献出版社,2006.

[9] 王思斌. 社会工作导论[M]. 北京:高等教育出版社,2004.

[10] 张文霞,朱冬亮. 家庭社会工作[M]. 北京:社会科学文献出版社,2005.

[11] 章友德. 青少年社会工作[M]. 天津大学出版社,2010.

[12] 周怡. 践行社会正义:社会工作价值与伦理研究[M]. 北京:社会科学文献出版社,2005.

[13] 朱眉华. 社会工作实务手册[M]. 北京:社会科学文献出版社,2006.

[14] 陈友华,祝西冰. 中国社会工作实践中理论视角的选择:基于问题视角与优势视角的比较分析[J]. 山东社会科学,2016(11):7.

[15] 高飞. 后扶贫时代的新贫困治理:社会工作的定位与角色:一个长程的比较视野[J]. 内蒙古社会科学,2020,41(6):8.

[16] 郭伟和. 迈向反身性实践的社会工作实务理论:当前社会工作理论界的若干

争论及其超越[J]. 学海,2018(1):9.

[17] 郭伟和,潘琼阁. 在社会转型中探索中国特色的社会工作研究:中央民族大学博士生导师郭伟和教授访谈[J]. 社会科学家,2021(9):6.

[18] 何雪松,侯慧. 社会工作专业化进程之中的"分"与"合":以上海医务社会工作为案例的研究[J]. 河北学刊,2018,38(4):6.

[19] 何雪松. 社会工作的社会理论:路径与议题[J]. 学海,2018(1):4.

[20] 何雪松,覃可可. 社会工作参与乡村振兴的目标与定位:以城乡社会学为视角[J]. 西北民族研究,2021(3):10.

[21] 洪佩,费梅苹. "场域-惯习"视角下我国社会工作者的实践策略分析[J]. 华东理工大学学报:社会科学版,2015,30(6):21-30.

[22] 侯利文,徐永祥. 被忽略的实践智慧:迈向社会工作实践研究的新方法论[J]. 社会科学,2018(6):12.

[23] 黄晨熹,薛媛媛. 老年健康社会工作的基本内涵、知识体系与发展策略[J]. 河北学刊,2020,40(4):7.

[24] 雷杰,黄婉怡. 实用专业主义:广州市家庭综合服务中心社会工作者"专业能力"的界定及其逻辑[J]. 社会,2017,37(1):31.

[25] 林茂. 系统论视角下社会工作理论的多元整合与发展趋势[J]. 河北学刊,2021,41(4):10.

[26] 林顺利,孟亚男. 嵌入与脱嵌:社会工作参与精准扶贫的理论与实践[J]. 甘肃社会科学,2018(3):7.

[27] 刘继同. 中国健康社会工作实务体系范围与现代医生人文关怀型社会工作角色[J]. 人文杂志,2016(4):8.

[28] 牛冬. 西方外来移民社会工作理论与实践及对中国的启示[J]. 北京社会科学,2017(7):9.

[29] 彭小兵,王雪燕. 关注价值、重拾信任:再论社会工作本土化[J]. 云南社会科学,2018(1):9.

[30] 权福军. 现象学社会学对社会工作理论与实践的启示[J]. 山东社会科学,2015(3):4.

[31] 童敏,刘芳. 基层治理与中国社会工作理论体系建构[J]. 河北学刊,2021,

41(4):7.

[32] 王恩见,何泳佳,高冉,等.服务的内卷化:对政府购买失独家庭社会工作服务的省思:以 X 失独家庭社会工作服务项目为例[J].人口与发展,2018,24(6):10.

[33] 卫小将.融合与拓展:中国妇女与婚姻家庭社会工作研究[J].国家行政学院学报,2017(2):5.

[34] 卫小将.西方族群社会工作的阐述与建构[J].学海,2020(4):8.

[35] 文军,何威.社会工作"选择性服务"现象及其反思[J].学习与探索,2016(7):8.

[36] 文军,刘昕.近八年以来中国社会工作研究的回顾与反思[J].华东理工大学学报:社会科学版,2015(6):1-12.

[37] 文军,吕洁琼.专业化:社会工作理论与实践的新趋向(专题讨论):社会工作专业化:何以可能,何以可为?[J].河北学刊,2018,38(4):8.

[38] 文军,吴越菲.灾害社会工作的实践及反思:以云南鲁甸地震灾区社工整合服务为例[J].中国社会科学,2015(9):17.

[39] 徐选国,高丽,严骏夫.社会创新与新时代社会工作发展趋势:评赵环《社会工作与社会创新》[J].华东理工大学学报:社会科学版,2018,33(6):8.

[40] 徐选国,黄景莲.从政社关系到党社关系:社会工作介入社区治理的情景变迁与理论转向[J].社会科学,2020(3):18.

[41] 闫红红,张和清.优势视角下农村妇女组织与社区参与的实践探索:以广东省 M 村妇女社会工作项目为例简[J].妇女研究论丛,2019(2):11.

[42] 杨慧.社会脆弱性分析:灾难社会工作的重要面向[J].西南民族大学学报:人文社科版,2015(5):8-12.

[43] 张和清,闫红红,尚静.社区为本的农村社会工作实务模式探索:国内外农村社会工作研究文献的综述[J].学海,2019(2):8.

[44] 张和清.中国社区社会工作的核心议题与实务模式探索:社区为本的整合社会工作实践[J].东南学术,2016(6):10.

[45] 张江龙.面向空间的社会工作实践:理论意义和实现路径[J].江汉论坛,2020(9):6.

[46] 张燕婷. 学校社会工作的本土化实践:基于生态系统理论的地方性探索[J]. 学海,2015(3):6.

[47] 张昱. 社会工作:从本质上实现人的改变[J]. 社会科学辑刊,2019(6):8.

[48] 赵芳. 社会工作专业化的内涵、实质及其路径选择[J]. 社会科学,2015(8):8.

[49] 赵一红. 论新时代背景下中国社会工作的人民观[J]. 河北学刊,2019,39(6):6.

[50] 郑广怀. 社会工作与社会理论:迈向行动-话语的理论框架[J]. 学海,2018(1):8.